KiDS STiLL HAViNG KIDS

TALKING ABOUT TEEN PREGNANCY

Revised Edition

BY JANET BODE

ART BY STAN MACK AND IDA MARX BLUE SPRUCE

FRANKLIN WATTS
DANBURY, CONNECTICUT
NEW YORK • LONDON • HONG KONG • SYDNEY

To Linda Feinberg Broessel

Copyright © 1999 by Janet Bode
Art copyright © 1999 by Stan Mack and Ida Blue Spruce Marx
All rights reserved.

Library of Congress Cataloging-in-Publication Data

Bode, Janet.
    Kids still having kids : talking about pregnancy /
by Janet Bode : art by Stan Mack and Ida Marx Blue Spruce.
—Rev. ed.
        p. cm.
    Includes bibliographical references and index.
    Summary : Presents interviews with teenage mothers and
provides information about adoption, parenting, abortion,
and foster care.
    ISBN 0-531-11588-7 (lib. bdg.)   0-531-15973-6 (pbk.)

    1. Teenagers—United States—Sexual behavior—Juvenile
literature. 2. Teenage pregnancy—United States—Juvenile literature.
3. Teenage parents—United States—Juvenile literature.
[1. Pregnancy. 2. Teenage parents. 3. Sex instruction for youth.]
I. Mack, Stan, ill. II. Blue Spruce, Ida Marx, ill. III. Title.
HQ27.B618 1998
306.7'0835-dc21   98-45477
                                            CIP
                                              AC

Printed in the United States of America

CONTENTS

PART I

KIDS

TALKING ABOUT

SEX, ViRGiNITY AND WHY WOULD YOU WANT TO BE A PARENT?

"The World Is Not Perfect."

THE BATTLE OVER FALLING BIRTHRATES

Pat Wingert, *Newsweek*, 5/11/98

FOUR out of 10 American teen girls—nearly a million every year—become pregnant at least once before they turn 20. Of them, 80 percent are unmarried.

However the number of pregnant teens fell 12 percent between 1991 and 1996. And the figures cut across geographic, racial and ethnic lines. In fact, the pregnancy rate among African-American teens—traditionally higher than those of whites—is down by an even greater amount: 21 percent, the lowest level ever reported.

The teen pregnancy rate among Hispanics, though still the highest, tumbled 4.8 percent between 1995 and 1996. The number of abortions among teens is also falling.

Teen pregnancy

For some of you it's the topic for a school research paper. A life skills teacher says, "Explore a teen-related social issue and then write about it." Teen pregnancy is what you decide to study.

For others, it's your life. You know the exact moment when sore breasts and a late period turn into the reality of a surprise pregnancy. Reactions range from panic to pride to "I'm out of here." At minimum, girls also hope for a boyfriend around to tell the news.

This book can serve as a starting point for all of you in the gathering of facts and feelings. Beyond the statistics you'll discover a collection of real-life stories about love and sex, pregnancy and making decisions. In their own way, in their own words, each teen and adult answers the question, how do you handle the possibility of being a parent?

Censored and Banned

Three times over the last two decades, I've tracked the issue of teen pregnancy and parenting, searching for the most recent surveys and studies, asking questions and recording answers of those most directly involved. The results can be found in my two books, *Kids Having Kids,* published in 1980, and *Kids Still Having Kids,* published in 1992. Both won awards and generated a lot of mail from readers.

These books have another distinction. In school districts around the country, they've been censored, banned and removed from library shelves. Other librarians have been instructed that they can't loan either of them unless students ask by name for the title.

The world is not perfect. I wish there weren't any such problems as unwanted pregnancy, sexual abuse or failed foster care. But there are, and not writing about them won't make them vanish. In fact, only by examining them can society hope to find solutions.

For that reason, you have in your hands a revised edition of those earlier books. I tried to locate the then-teenagers I interviewed eight years ago. "How are you doing now?" I wanted to know. With one exception—Emily, a birth mother—it proved impossible.

In the past to protect the privacy of the adolescents speaking on those pages, I changed their names and certain identifying details. In this edition, however, one group of East Coast students said I could include the name of their school: Wallkill Senior High School, Wallkill, New York, about 70 miles north of New York City.

Two other groups—students from Sam Yeto High School Young Mothers' Program, Fairfield, California, located between Oakland and Sacramento and Argo Community High School, Summit, Illinois, in the Chicago suburbs—went further. Instead of my interviewing them, they wrote their own real-life stories and best advice to you, the reader.

Parallel Universes

You don't have to read this book from start to finish. Check the contents page and see if any of the chapters speak to you.

Let's say you haven't had sex but are writing a paper. These stories, I hope, will serve as cautionary tales. The boxed information contain statistics you might find helpful. In a way, you live in a parallel universe to your peers who are sexually active and risk pregnancy.

But lives can and do change.

By force or by choice virgins have sex—and you, too, may wake up to discover you suddenly have a personal interest in this issue. Just as true, those of you who've been sexually active can decide to reclaim your virginity. Some call it secondary virginity, where you take control over your body and your emotions. Simply because you've had sex doesn't mean you can't change your mind and wait once more until later.

Still, for any pregnant or parenting adolescent, remember this: You are not alone. People will help you.

Start today to gather information and to ask for advice from those you trust and respect. You want to make wise choices about what to do.

And finally, *not* making a decision is making a decision. This book is only a place to start. For yourself and your future—take a next step.

"Why Would You Want to Be a Parent?"

Wallkill Senior High School, Wallkill, New York
Four students talking during a lunch break

Kevin: In this school a lot of girls are pregnant. But no one here in this group is. No way.

Jonathan: You can see it coming. The problems are there before they get pregnant. Pregnancy just makes everything worse.

Lilly: What I see is that usually they're hanging with the wrong crowd. Sometimes they have an abortion. Remember Gwinneth did.

9

Kate: I always wonder, "Why would you want to be a parent so young? You have your whole life in front of you." When we find out someone we know is pregnant, we ask her 20 questions. "Who's the dad? How long have you been with him? Did you use protection? What are you going to do about it?"

Lilly: I want to scream, "What are you thinking? Why are you so happy?" Pregnant at 16, and they gloat! They don't know what they've gotten into.

Kevin: There are plenty of programs for them. They can have home tutoring. They can take the kid to school for day care and then go to special classes for themselves.

Kate: If one of us got pregnant, well, nobody's perfect, but it's certainly nothing we see as a role model.

Jonathan: We're stressed enough. Besides school, once we get drivers' licenses, we're the family's transportation. Our parents complain we're out too much, but then they want us to "pick up some milk and drive your brother to practice." Plus I work 35 hours a week at a local restaurant.

Lilly: Starting at 12, I've worked in my parents' business.

Kevin: I'm a camp counselor and mow lawns in the summer. I earn about $3,000.

Lilly: I'm still a virgin. I'm dating a few guys, but right now I don't want a relationship. Later when I do, I'll look for someone loyal with a good sense of humor.

Kate: Yeah, but it's nice if they have a good butt, are honest and, yes, looks are semi-important.

Jonathan: I just had my heart broken. We're still going to the prom, but we're going as friends. Three hundred dollars to go with a friend. Sometimes it was easier when I was little and still thought girls had cooties.

Kate: You should try to move on, Jonathan. While you treated her like a queen, she walked all over you. Of course, I find all the wrong men for myself.

Kevin: That's the bell. Gotta go.

"Never Have a Baby to Save a Relationship."

Sam Yeto High School, Fairfield, California

Four students in a Young Mothers' Program, excerpts from their essays

Morva Jimerson: Some grown women have the mind of a child. They don't know how to take care of themselves, let alone a baby. But some teens have the mind of a grown-up. People shouldn't automatically criticize teenagers for having babies too young.

La'Keisha Turner: Some teens come from troubled families and think a baby will help them escape. Some teens have a baby because their boyfriend wants them to. And some teens have a baby just because they have unsafe sex.

Shereā Gillman: Trust me, never have a baby to save a relationship. The couple may be better for about a year, but from there it goes downhill. You will wind up raising a child alone.

I'm not saying you can't have sex. Just use protection and don't have a child yet, unless you are absolutely sure you can support it alone. Both emotionally and financially.

No man comes with a guarantee he'll be there for you. Never ever depend solely on him.

Shantaye Belcher: There are teenagers that think it's cool to have kids, but I have two and it is not easy. For all teen mothers, myself included, it's time to face your limitations, be strong in what you believe and set goals.

I have a vision of what I want my kids to accomplish in their lifetime. Now I'm figuring out what I have to do to help them do that.

"A Virgin Wouldn't Understand."

Amber, 16 Years Old

My best girlfriend makes me crazy. She's smart except about guys. Every other month she comes to me and says she's afraid she's pregnant. I say, "Didn't you learn anything last time?"

She says, "I didn't think. We were so caught up in it."

She tells me she'd feel weird discussing birth control with her boyfriend. I say, "You're close enough to have sex. You're not close enough to talk with him about birth control?"

"You're a virgin," she says. "You wouldn't understand. It just doesn't feel the same if you use a condom."

"Maybe you trust your boyfriend. But you're the one who's going to get pregnant."

"Nothing's going to happen to me," she always answers.

"Everyone's Having Sex but Me."

Lorenzo, 18 Years Old

There's a lot of pressure to have sex. And there's a lot of curiosity.

It's hard to have self-control. So some teenagers rush. They don't think that sex is more than sex. To me, it's a bonding between two people. It's intimate. It's about making a commitment.

I'm 18 and I haven't had sex. I'm sure guys hit 16, 17, 18, and they say, "Oh, I stopped being a virgin when I was 15."

They exaggerate so they won't feel out of place. They think, "Everyone's having sex but me." Sometimes I feel that way.

I have a group of friends and they're all having sex. Fathers tell sons, "Have sex, enjoy yourself." They think it's the manly thing to do.

A couple of months ago, my friends, like, found someone for me to have sex with. I knew, though, that I had an expression on my face. They guessed it would be my first time. They laughed and said, "You're a virgin!" I didn't know whether to hide it or fake it.

I thought of my mother. She says if a guy has sex with a girl and she gets pregnant, she goes through a lot. I would, too. How can I take the chance of having a child when I'm not even settled myself?

"I'm Facing the Question Whether to Have Sex."

Winona, 16 Years Old

A close friend of mine, the girl next door, has a two-year-old. Six months into her pregnancy, she decided to surprise me with the news. To this day it's hard for me to comprehend this happened to someone so much like me.

What scares me most is her family has been seriously disrupted by this whole situation. I don't understand why she kept her baby. She's still carefree, still living off her parents. She treats him like a little brother. She doesn't show she made any kind of mistake at all.

Now I'm facing the question whether to have sex. All I can think about is my neighbor's baby—with no dad and an airhead mom who was in a rush to grow up.

NEARLY 3,000 TEENAGERS AGE 13 TO 19 HAVE DEVELOPED AIDS

AIDS IS CAUSED by the human immunodeficiency virus (HIV). In most cases the virus is transmitted when you have unprotected sex with someone who is infected or when you share nonsterile needles to shoot drugs.

Since the epidemic started, nearly 3,000 teenagers age 13 to 19 have developed AIDS, as have 22,000 people age 20 to 24. It's estimated for every known case of AIDS, ten more people are infected with HIV. That means about a quarter of a million people between 13 and 24 may now be HIV-positive.

COMPLETE PROTECTION

FOR COMPLETE protection against HIV and AIDS, don't have sex and don't share hypodermic needles.

That advice aside, if you have sex, become pregnant and are infected with HIV or have AIDS, think about this. Studies show that 13 to 30 percent of babies born to HIV positive mothers end up with the virus, too.

Ask yourself these questions: Have I taken any medication that could damage the fetus? If I get sick or die, who will care for the baby? If the baby gets sick or dies, can I cope?

Jan Stollenwerk, School Nurse
San Diego, California

A student came to my office, sat down and said, "I think I'm pregnant."

"Oh, really?" I said, as we checked the calendar to see when she had her last period. "Do you have sex often?"

"No, this was my first time."

"When?"

"Saturday night."

This was Monday morning. I said, "Well, according to your menstrual cycle, I don't think you're pregnant right now. But you know what? That egg is just sitting there ready to pop out of the ovary. And that sperm is just sitting in the fallopian tube waiting for it. You might not be pregnant now, but it can happen any minute."

"Any minute? Oh, my gosh."

"Did you use protection—birth control?"

"Yes," she said, "but it fell off."

That means they didn't use anything.

"Does your boyfriend love you?" I said.

"Oh, yes."

"If you were out in the parking lot together and some guy came up and hit you, would he protect you?"

"Oh, yes. He'd punch his lights out."

"Why?"

"Why? He doesn't want me to get hurt."

I said, "Tell me. Did your boyfriend have a good time Saturday night?"

"Yes."

"Did you have a good time?"

"It was okay."

"Is your boyfriend out in the lunch court now?"

"Yes."

"Is he having a good time?"

"I guess so."

"Are you having a good time right now?"

"No."

"Are you going to have a good time tomorrow? What about for the next two weeks until your period comes? Are you going to have a good time?"

"No. I'm going to be worried about whether I'm pregnant."

"So you're worrying and hurting. Isn't that hurting you?"

"Yes."

I said, "Isn't this the same thing? Why doesn't your boyfriend take precaution and protection to keep you from all this pain you're going through? If he would protect you from a stranger hitting you, wouldn't he also want to protect you from this fear of pregnancy?"

"Well, yes, he would."

"Exactly. You want to be protected. He should be the protector."

UNDER REPORTING FOUND ON MALE TEENAGER SEX

Amy Harmon, *The New York Times*, 5/8/98

MALE teenagers engage in risky behavior associated with HIV infection more than previously thought. Among the males ages 15 to 19 surveyed nationally, 5.5 percent report some type of male-male sex; 2.8 percent report sex with an intravenous drug user; and 10.8 percent report they were "always" or "often" drunk or high when they had heterosexual sex.

"I Refuse to Stop Loving Him."

Sydney, 17 Years Old

I'm not pregnant, but, you know, I've been in that place where I thought I was. Being raised in a Christian home, it was hard to confront my parents about having sex. But I did.

My parents said, "It's your choice. But if you don't quit, you and that boyfriend of yours have to come tell us together. And you can be sure our reaction is not the one you want."

I've been with this guy a very long time. For my parents' sake, I quit having sex for a while, but then I started again, which forced me to lie to my family.

Finally, I was sick of hiding. I came clean. Now that was a fight. They were yelling, "You don't have the means to provide for yourselves, let alone any possible baby."

"Even if you're right," I yelled back, "I'm only two weeks away from graduating. I refuse to stop loving him!" I didn't add "and I want to live with him." How would you start that conversation?

What would you do in my situation?

TEEN SEXUAL ABUSE

The Brown University Child & Adolescent Behavior Letter, May 1998 (University of Southern California News)

GIRLS who were sexually abused as children are far more likely both to practice risky sexual behavior and to become pregnant as adolescents, according to a study from the National Institute of Mental Health.

The study's investigators report that not only were sexually abused girls more likely to have babies, they also were more likely to be sexually active at a younger age and had more children than did girls who had not been abused. The findings were not affected by socioeconomic status.

PART II

KIDS

TALKING ABOUT

PREGNANCY,
FAiLED BiRTH CONTROL,
ROACHES AND CHOiCES

"My Birth Control Failed."

Marisol, 17 Years Old

I'm the oldest.

My mom had me when she was 17. I didn't know my real dad until I was 10. Partly, I was raised by my sisters' and brothers' dad. I considered him my father. My real dad is nothing special.

My mom's a single parent now. She works the graveyard shift. It's hard financially. She has to get us stuff at the secondhand store. Still, I'm happy with the way she's bringing us up.

One thing I like is she's open about sex. She tells me and my sisters and brothers that it's normal. Every human being gets sexual feelings with the right person at certain times.

And even if it isn't the right person, if we feel we want to experiment—to have intercourse—come to her first. She'd be upset, but that's just being a parent. We should know there are birth-control precautions to take.

Gorgeous

I started seeing my boyfriend, Nicholas, three years ago. From the moment we met, I'm thinking, he's gorgeous. I'm afraid he thinks I'm just a friend. I put a letter in his car telling him I like him.

He calls me that same day.

My heart starts beating. Fast. I'm embarrassed. "I never thought you'd notice me," I say. He's mellow. He likes country music, caving, hiking where there're trees.

Back then, I'm more like this wild person. Not partying, but I'm up to everything—all the new fads. I'm going to school and working 40 hours a week at Senn's Boutique. I have money.

He says, "I never expected you to like someone like me. I wanted to ask you out, but I didn't know how."

My friends think we're a really cute couple. They tease, "Oh, let us borrow Nick. He's so sexy."

At first, my mom and him don't hit it off. She gives him the cold shoulder. She doesn't want him to take away her oldest daughter. Next she's trying to like him, but he's Anglo, white. She's Mexican.

My grandmother isn't happy, either. She feels I'm Mexican—I should marry a Mexican guy.

After seeing Nicholas for a while, I know I have these sexual feelings about him. He's dropping me off at my house after a date. I say to him, "Let's sit on the porch and talk. I have something to ask you."

He keeps looking at my face, going, "What?"

I go, "Nothing. I don't know how to tell you."

"Go ahead."

"I'm embarrassed."

It takes me a half hour to say I have sexual feelings for him. And I don't know if he has the same feelings for me. He say he does, but he doesn't want to pressure me.

"You're not," I say. "I'm the one who brought up the subject. If it's okay, I'll talk to my mom about getting birth control." The next day I don't plan a speech— I just tell my mom I have to talk to her.

"About what?" she says.

"About me and Nicholas."

I think she has an idea what I'm going to say, but she wants me to come out and say it.

"I'm having sexual feelings for him, and I want to get birth control."

"Are you sure?" she says.

"Yeah."

"Well, I guess we'll make a doctor's appointment. I want you to know, though, this is hard for me."

A Guy Doctor?

Let me tell you, for me, it's hard to go to a GYN doctor for the first time. I think it will be no big deal. Go in. Get a prescription for birth control pills. That's it.

Wrong.

My mom keeps telling me, "You're going to have a pap smear."

"What's that?"

She says, "It's a test for cervical cancer. The cervix is at the end of your uterus. You go in the examining room, put your feet up on these stirrup things. The doctor sticks something in you that looks like a duck's beak. He'll stick his fingers in you to check your ovaries and stuff."

"No way," I go.

"If you want to be on birth control, yes, he is."

Then she tells me I have to feel my boobs to make sure I don't have lumps, possible breast cancer.

"It's going to be a guy doctor?" I say. And in comes this man. I'm so embarrassed.

My mom stays in the room with me. I want her to. I'm only 16.

After the exam, the doctor gives me a real pretty case with a butterfly on it that has pills inside. He tells me to take a pill the Sunday after I start my period. Then take it every day for a month before I have intercourse.

"That's all?" I say.

"Yes, but you might want to use something else as a precaution not to get pregnant. The pill is about 96 percent to 99 percent effective. Remember, there's always that small percent that fail."

So I'm taking the pills, every day, at the same time. I'm not doing anything wrong. My period is still coming down. But I notice that my pants aren't fitting me anymore. My stomach's hurting. I'm nervous.

I go into my mom's room and tell her, "I don't know what's wrong with me." I show her my stomach.

"We'd better make a doctor's appointment."

The doctor tells me to lie down. He looks at my stomach. "You're definitely pregnant."

I go to the laboratory for a blood test. I'm 24 weeks pregnant. Not me! I am shocked! I'm that small percent.

Nicholas is excited. "I'm gonna be a daddy!" he says, and then he hugs me.

Bonnie Groh, Teen-Parent Director
Delta Schoolcraft Intermediate School District,
Escanaba, Michigan

Nine percent of teen mothers attempt suicide. That's about seven times the national rate for teenage girls who are not mothers. I worry about that.

Why It Happened

Let's say you didn't want to become pregnant. You even took the pill, one of the safest and most popular birth control methods. But maybe you weren't careful to take it every day about the same time.

Or you had the flu and threw up in the morning. You were on an antibiotic. You didn't know that meant the pill wasn't absorbed like it should be. You should have used two methods of protection, if you had sex.

If yours is a surprise pregnancy, you need to think about why it happened. You don't want to become pregnant again for the same reason.

Even when you're pregnant, you still have choices.

When I have teenage girls in conflict, I ask them, "What do you think are your choices?" Usually they bring up these options: keep the child, adoption, abortion or temporary foster care until they're ready for parenting. Some wonder, "do I or don't I want to get married?" Most, however, are choosing not to get married.

If you're pregnant, talk to an adult you trust—a parent, a favorite teacher, a counselor, a doctor you can count on to give you correct advice. Whether a pregnancy is planned or unplanned, making decisions about what to do is a lot to handle, especially on your own. The decisions you make should be part of a plan. Impulse decisions simply force you to deal with the consequences later. Start planning what to do about a pregnancy by answering these questions:

17 Questions

- How do I feel about the direction I'm going in life?
- What are my goals?
- If I have a child now, are those goals possible?
- Can I stick with my schooling?
- Is medical care easy to get and affordable?
- If my eating habits aren't the best, am I willing to change them and eat well during and after the pregnancy?

- Is the father around? Is he supportive? Will he be supportive five or 10 years from now?
- Do the two of us share the same values and feelings about the importance of the family and how to take care of and raise a child?
- Can one or both of us get a decent job so we won't have to live in poverty?
- Am I compulsive about spending or am I good at stretching the dollar? Can I cover my expenses for food, clothing, and rent—plus for a child?
- Will my family be there as part of my support system?
- Will they still help out once the child is a toddler—more adventuresome and harder to raise?
- Is affordable day care available? Will I have to arrange transportation in order to get there? Do they take infants, as well as toddlers and above?
- Do I like caring for a baby? A toddler? A teenager?
- How do I handle my anger and frustration? Would I ever take out my emotions on a child?
- Am I willing to give up lots of my freedom and my social life to take on the responsibility of raising a child—for at least the next 18 years?
- Can I give a child the future I'd want for him or her?

Painful

Making decisions about a pregnancy can be painful. It's painful to raise a child. It's painful to relinquish a child for adoption. It's painful to have an abortion. But this doesn't mean you should put off these decisions.

Hoping you aren't pregnant won't make it go away.

SEXUALLY TRANSMITTED DISEASES (STDS)

Facts in Brief, The Alan Guttmacher Institute, 7/96

EVERY YEAR 3 million teens—about 1 in 4 sexually experienced teens—acquire an STD. In a single act of unprotected sex with an infected partner, a teen female has a 1 percent risk of acquiring HIV, a 30 percent risk of getting genital herpes and a 50 percent chance of contracting gonorrhea.

Chlamydia is more common among teens than among older people. In some settings, 10–29 percent of sexually active teenage women and 10 percent of teenage men tested for STDs have chlamydia.

Teens have higher rates of gonorrhea than do those sexually active aged 20–44. In some studies, up to 15 percent of sexually active teen females have been found to be infected with human papillomavirus (HPV), many with a strain linked to cervical cancer.

Teen females have a higher hospitalization rate than older women for acute pelvic inflammatory disease (PID), which is most often caused by untreated gonorrhea or chlamydia. PID can lead to infertility and ectopic pregnancy.

"Girls Came out Like Roaches."

Written by
Aurelio Estrada, 17 Years Old
Argo Community High School, Summit, Illinois

Right after grammar school my attitude took a 180° turn for the worst. For me, life was The Street. Fifty dollars got me going. With that I bought an ounce of weed. I'd sell it and make more than a hundred. Invest that again—I kept doubling my profits. Once I had the money, girls came out like roaches.

Bear RIP

I ain't gonna lie and say I hated my life. I loved it. Money, I learned, gets you anything you want. But there were the drawbacks, like, my parents and me were always arguing. They wanted me to go to school and stop hanging with the wrong crowd. My kind of life could bring me down, they'd always say. I didn't want to listen.

My mom was disappointed. No matter what, though, she loved me. She waited up to make sure I got home safe.

My dad was different. He'd go to the 'hood to look for me. Once I saw him when I was with my boys Rocket and Bear RIP. Bear passed away less than a year ago.

My dad went up to Bear and said, "How old are you?"

Bear didn't know that was my dad, so he got mad and asked him back, "How old are you?"

"That's Aurelio's dad," Rocket told him. He apologized and tried to shake his hand. My dad just looked at him and came toward me, saying, "I want you home." I stayed on the street.

Blunts and Bums

Sometimes I'd go to school. But before we went inside, guys and girls, too, we'd smoke a blunt or send a bum to buy us a bottle of vodka. We'd sit in first period blasted. I'd talk to my girl, Isela, but by third period I was asleep. I'd leave at 12:30, when some seniors left to go to work.

By the summer before my junior year, I didn't hesitate to do anything. I was getting arrested for curfew, mob action, aggravated battery, possession of a concealed weapon. The police would throw me in the can, and in a little bit, I'd get out.

I didn't care. It was back to partying, busting out, kickin' back, looking for some flakes or just waiting for them to pass by.

Nothing ever really happened to me, but I was seeing friends die. I lost eight of my boys in two years. For each one of *us* to go down, I thought six of *them* should fall. And in a few cases, that did happen.

I had no remorse. To me they were nobodies. What mattered was making sure my boys' memories didn't leave just because they were Resting in Peace (RIP).

The First Shot

I remember the first time I got shot at. I wasn't even gangbangin'. I was a fifth-grader walking home from school. Some white boy D's from the projects started shooting at some Kings. Even though I was small, I reacted the right way. I ducked behind a car until they stopped. Things like that happened so much that my parents decided we had to move to a quiet neighborhood. And it was until we all grew up and started hanging with the older kids.

A Good Father

As much as I say I loved my life, when my girlfriend told me she was pregnant, I kind of seen that it was no real life. It wasn't what I wanted my baby to be raised up in. I wanted something better. I knew I had to try to change myself.

Her parents did know—well, her mom knew—all about me. My old dean called them over to school to tell them everything she knew, which was a lot. The Chicago police helped her out with more information.

Still even if I was bad and looked bad, I always talked to my girl's parents with respect. In fact I talked to most adults with respect. My parents knew I did that, too, so they tried to control their anger at me.

They would never turn their backs on me or any grandchild. I promised my girlfriend I'd calm down and I did. I was doing good. I was looking to the future.

Then she lost the baby.

I don't know what happened, but I knew I wasn't gonna be a father. I would have no responsibilities. I quit my office job, where I answered phones, ran errands, filed and entered data on the computer. For a while I went back to doing what I always did, which was nothing. But then I realized, I'm getting older. I do want to change.

Life is more than the street.

Today I'm trying to get myself together. I'm willing to do whatever I have to keep myself studying and graduate. I want to go into the navy or find a way to become an FBI or ATF agent. That's what I want to be. I want to be a cop, but not one of those in uniform cops. I'm trying and, hopefully, I'll get to do it.

Then I'll be ready to be a good father.

David Berger, Chief, Department of Pediatrics
Gouverneur Hospital
New York City, New York

Teenagers have more problem pregnancies than women in their 20s. More of your babies are premature and have low birth weights. Why?

You don't always go to a clinic early and often enough for what's called prenatal care. "Prenatal" means before the birth.

As soon as you think you might be pregnant, visit a clinic. You get commonsense counseling, testing and medical information. Your questions are answered. And in most locations, teenagers receive this care free.

How often you go to the clinic depends on your needs. If you're healthy and everything is okay, you see a health care worker a couple times during the first trimester—the first three months—and three or four times the second trimester. By the third trimester, you have to go more often, usually about every two weeks.

Pickles and Ice Cream

Let's say you're at the clinic. You've learned that a baby can be born with problems based on what you, the mother, are doing to yourself during the pregnancy. You know you shouldn't smoke, drink alcohol or do illegal drugs. But you don't know you should also watch what you eat.

You ask, "Why am I dying for pickles and ice cream in the middle of the night?" We tell you the truth. We have no earthly idea, but it happens. You're normal.

You say, "Since I'm eating for two, can I eat a lot more?" At most, you can eat 500 more calories a day. That's a second portion at dinner. You want to gain a total of 25 to 30 pounds.

You should try to limit an eat-and-run diet of McDonald's. Fast foods have little nutritional value, are often high in fat and salt content, low in iron and other minerals. Just being low in something like iron is tough on the fetus growing inside you. The baby's blood system is developing, and that takes iron. And you, the mother, may become iron deficient. By the time you notice tiredness, weakness or mental delays remembering things, you and the fetus could be in trouble.

At your prenatal checkups, we give you iron supplements, and you learn what's best to eat.

Duck-Walk and STDs

During a pregnancy, you go through physical changes. Your pelvic joints loosen, which means the way you walk changes—some call it a duck-walk. If you're brunette, you get a darkening around the face. You may experience swollen legs, feet and hands, water retention, backaches and frequent urination, among other things.

At the same time, you go through emotional changes. While each person has different reactions, as your body changes, your self-image changes. In prenatal care you talk about how you feel about these things.

You can also discuss how your relationships change with your family, friends and the father of your child. It's normal for you to have mood swings, to be excited, to be afraid. Every pregnant person goes through that, even women who want the baby more than anything.

Before the delivery we need to know if you have diabetes, high blood pressure or other such conditions.

We need to know, too, if you have any sexually transmitted diseases [STDs]—chlamydia, syphilis, gonorrhea, herpes.

And although we don't routinely test for HIV or AIDS, we do what's called a "risk assessment." We tell you your options and let you decide if you want to be tested.

Finally, together, we start planning for the delivery and, equally important, what happens after that big day. For yourself, for your child, it is much more dangerous and complicated if you don't come in until you are due. My best advice? Have regular pre- and postnatal visits.

"If I Could Change My Past, I Would."

Alison, 16 Years Old

"Are you a virgin?" Bobby asked me on our first date. We had skipped school and spent the whole day together. Right away I felt like I knew him forever.

"No," I said, wishing that wasn't the answer.

"Well, how come you didn't wait?" he said, 'cause he had.

"If I could change my past, I would. It's something you're going to have to live with."

We asked each other more questions. What his life and mine were like.

Bobby was beat a lot. His dad was an alcoholic. I told him I was sort of a party animal, into drinking. And I did try drugs. He said, "You don't need to get drunk or high. If I ever catch you, that's the end."

I told him my parents believed in the belt, too. I didn't. I was only allowed out once a weekend, Saturday until 11:00 P.M. even if I behaved. They were afraid of me getting pregnant. Bobby had a 23-year-old sister with two divorces, two kids, and no money. He didn't want that to happen to him.

Too Busy Crying

On prom night, a couple months after our first date, we took a back road home and talked about sex. "We're not going to do anything until we have protection," he said.

I'd never used anything before. I'd even had a close call where my period didn't come for three months. I didn't expect to hear that. Most guys are pushy. I'd never waited like this. It felt different.

Bobby even went with me to Planned Parenthood for the pills.

Three days later, my dad picked me up after my job. When I was in the bank cashing my check, he went through my purse. He found the pills. Well, he threw a fit.

"Would you rather have me not use anything?" I asked him.

"It's not right," he said. "I'm ashamed of you."

My ma told me it was hard to accept that I didn't go to her.

"I was scared," I said. "We never really talked about sex. I didn't want you to forbid me to see Bobby."

Bobby didn't come over for a while after that. Then he came over, but stayed outside and honked. Finally, I persuaded him to come in. He thought they'd hate him, thinking he'd forced me into doing something. But really, it was both of our choice.

My dad said, "You can only see Bobby once a weekend—here. We're doing this for your own good."

"You don't understand," I said. "I'm really hurting. You're taking away something that I really care about." Me and Bobby wanted to be alone.

They would yell. I wouldn't. I was too busy crying.

My parents figured if I didn't have the pills, I wouldn't have sex. They figured wrong.

I had a year's prescription. My dad had only taken one month's supply. I used them until I ran out. I never went back to get more. I didn't tell Bobby. There were a couple times I'd forgotten to take a pill. I thought we were careful enough.

Maybe two months later, though, I had signs. I was late. My breasts hurt bad. I had to go to the bathroom a lot.

What am I going to do? was my first thought.

I went to the health department to get a pregnancy test. It came back negative. I was confused. Maybe all those signs were nerves. I was upset. I took some pamphlets on teen pregnancy. I didn't know anything.

On New Year's, my ma asked, "Are you pregnant?"

"No," I told her, since my test had been negative. Two weeks later I took a home pregnancy test. Positive. I didn't know what happened with that first one. The doctor said, "Sometimes there's a mistake."

I was alone when I took it. I knew there was no reason to be sad. Bobby would always be there for me. When I told him, he was happy. He knew he had to take on the responsibility. And he was willing to do that. He'd get a job. We were both scared of telling our parents. We didn't want them to hate us. Finally, I told his ma. She told his dad.

"Well, look what a mess you got into now," his dad said to him. "Your ma and me were too young, too. We never had a good life. We never went to college. We didn't want that to happen to you."

Bobby told him not to worry. I was going to take a year off after I had the baby. Then I was going to sign up for college.

I first let my dad know over the phone. I reminded him that Ma was 19 when she had me. And my gramma was 17 when she had her first child. I could handle it.

An Icky Environment

I'm about six months pregnant now. As soon as I met Bobby, I started gaining weight. I went from a skinny 100 pounds to 120. What with being pregnant, now I weigh 146.

Bobby still loves me. He tells me that all the time. He's given me everything I've ever wanted—not just buying me things, either. He really shows me that he cares.

Like, I try to eat real good. I eat breakfast every morning, usually a bowl of cereal. A hot lunch at school. Then I eat supper. I like to have a snack, too, and Twinkies are my favorite.

Usually Bobby will buy me a can of fruit. But yesterday he knew I felt uncomfortable. He bought me a bunch of Twinkies and hid them in my locker. It was so cute.

I love spinach. Now I can't even look at it. I can't have salt, either. I can't have pop, because there's salt in it. My blood pressure is up. I've had swelling in my feet and legs. It's hard for me to bend over.

The doctor says, "You hold a lot of water in your body." He's afraid of toxemia. He never explains what that means. He just says it's when the baby is in an icky environment. If I get it, they have to do an emergency C-section. That's where they cut you open and take out the baby.

Last Sunday night, the baby didn't move. The next morning it still didn't move. I got scared. I went to the doctor's office, but he found the heartbeat. It was strong. He said, "Don't worry. Babies are like people. They have days when they like to be lazy."

All my family pats my belly and says, "Boy, you're getting big." It's brought me and my ma closer. My dad's more understanding, too.

I feel like I've grown up. I'm taking things more seriously. Every penny I get now goes toward the baby. I'm getting mostly used things, but it still adds up. We got a cradle. That was $50, brand-new. We got a crib, five dollars, used. We have to get a stroller, a car seat, a high chair. We need a ton of clothes, like sleepers and stuff.

But me and Bobby are not taking it fast. We're not getting married. We're getting engaged. He has a part-time job now that pays $100 a week. Once it's summer, he can work full-time. We don't know what kinds of problems we'll face. But we agree, if something happens, we'll talk it out.

It's funny. This started out about love and sex. Now that I'm pregnant, I never feel like having sex anymore. It hurts. Bobby's understanding.

You know, I'm happy about being pregnant and everything. My girlfriends are happy, too. They consider themselves aunties. They know that me and Bobby will never break up. Still...there were things that I wanted to do. I wish I would have waited.

BIRTH RATES FOR TEENAGERS DECLINED SHARPLY

Tamar Lewin, *The New York Times*, 5/1/98

EACH YEAR more than a million teenagers become pregnant. Of that total, there are 500,000 live births to those ages 15 to 19 and 11,000 to girls 14 and under. In addition, 400,000 receive abortions and 130,000 miscarry.

The level of teenage births was far higher in the 1950s and 1960s. But in those days, the vast majority of teenage mothers were married, while today, the vast majority are single.

Teenage birth rates vary greatly by state, with many Northern states like Vermont, New Hampshire, Minnesota, North Dakota, Maine and Massachusetts having less than half the rate of Southern and Western states like Alabama, Arizona, Georgia, Mississippi, New Mexico and Texas. Despite the declining rates, the United States still has by far the highest rate of teenage births of any industrialized nation.

Bill Cannon, Young Fathers Counselor
The Door,
New York City, New York

I work with young fathers. Generally when it's still a pregnancy, you want to be involved. What happens between then and when the baby arrives—that's a different story.

I try to help expectant fathers realize this pregnancy is a big thing. Your life changes. Just being told you're going to be a father produces anxiety. Inside you feel stress. Outside, though, you're, "Hey, it's cool. Let's swing with it."

If you're in this situation, and you come to me, I say, "Let's talk about what your life is like now." I try to get you to think about how you'd be if your girlfriend wasn't pregnant.

"What's happening at home?" I ask. "What kind of relationship do you have with your father? Are you in school? How are you doing? What are your plans for the future?"

Once you get a handle on that, you should think about exactly how your life will change if you become a father.

Minimum Wage at Burger King?

There's no storybook father, no storybook family relationship. You don't automatically end up with 3.2 kids in a home with a backyard and a dog. You have to look squarely at your life. How can you put things together to be the best father possible?

What comes up a lot is this: How can you understand what it is to be a father when you never really knew your own dad? Maybe you're in the same situation he was. And you definitely have some feelings about that.

You know what his absence has meant to you. You might not be able to talk about it, but the anger you feel translates into your not wanting your kids to grow up like that.

You should think, "What kind of father do I want to be?"

Maybe you say, "I'm going to be there for my kids. I'm going to do things with them. I'm going to talk to them when they have problems."

You've got this child on the way. You want to do the right thing. You've explored what your life is like. Now let's talk about what your options are. For starters, how are you going to support that child? You tell me you quit school. You've got to find a job, and you're thinking about dealing drugs.

Well, if you deal, there's a strong possibility you'll wind up either in jail or dead. If that happens, you take yourself away from the child you want to have a life with.

If you're sitting in my office, I tell you that.

What I hear is, "Okay, I won't deal drugs. But, man, come on, minimum wage at Burger King?!"

At this point, though, you don't have the skills to get a better-paying job. That's reality. If you want to be involved with your son or daughter, you have to work at minimum wage—for now.

This doesn't mean you have to do it for the rest of your life. Organizations like the one I work for can help you, or you can help yourself get back into school or take the GED. There is a future.

Maybe the idea of working for minimum wage makes you mad. But you made the decision to have this child, which means that it's no longer entirely about you. Now a major part of your time is spent preparing for your child to live in this world. You have to start accepting that you are responsible for that individual.

A Survival Mechanism

A good father begins now to look to the future. You do things that will ensure that the child will eat, grow and develop in as healthy a way as possible.

I won't put down a set standard. Each of you has to consider your own situation. A good father in many cases is someone who's doing the best he can. He's trying regardless of obstacles.

It's hard being a male in this society. You are raised and socialized to be screwed up in how to interact with the world around you, and particularly with your female partner.

And, generally, males feel that part of what defines manhood is fathering children. Just because you don't have a job, or you don't have a stable family support system, or the future is unclear, that will not necessarily keep you from fulfilling that aspect of your manhood.

In fact, if all those other things aren't in place, if you're feeling low self-esteem for all those reasons, you may look to fathering a child as the one thing that will establish your manhood.

I have a theory. I think that fathering children at a young age—particularly among so-called minorities—is a survival mechanism. Not only survival as an individual, but survival as a people.

On a certain level you know that things are not great for a lot of African-American people, for a lot of Latino people. I do believe that part of what's happening is a sense of realizing that these communities are in danger of being wiped out.

Driving Me Crazy

I often hear, "My f---ing girlfriend's driving me crazy!"

If the relationship with your girl doesn't work out, that happens. That does not mean right then and there you break off your relationship with your son or daughter. Instead, for however long you can, you should be involved in the development of your child.

PART III

KIDS

TALKING ABOUT

ABORTiON,
MiSCARRiAGE AND THE
BEST-WORST SOLUTiON

Paula Wendt, Former Clinic Director
Meadowbrook Women's Clinic, Minneapolis, Minnesota

Most teenagers know that abortions are legal. They have been since 1973. But you don't know that the majority of states now have what's called either a parental consent law or a parental notice law. In both cases you first have to go to your parents and tell them you want to have an abortion.

If you don't want to tell one or both parents, there is a judicial bypass. You make an appointment to appear before a judge who, after hearing your situation, usually signs a petition saying you can have the abortion without a parent knowing.

As soon as you think you might be pregnant, confide in someone. Then you've got two heads working on it, instead of just one. You need somebody who's going to say to you, "We have to find out the facts right away."

Some of you say, "But I can't tell anyone I might be pregnant. I want an abortion."

Personally, I think this is the kind of life event that you need to share with others. And once you start sharing, you get a lot of support. Usually, you end up telling someone who's had an abortion or knows somebody who had an abortion.

I hear all the time, "I told my friend Mary I was pregnant and maybe going to have an abortion. Mary said, 'Well, I was never going to tell you this, but...'"

I'd like you to know that often parents are okay people to tell. Yes, you hear, "I'm hurt to learn this. I'm disappointed." But next you hear, "I love you. Your well-being is my priority. I want to help you."

I've also met parents who say to their daughter, "You tramp. Now that I know you're pregnant, you're never going to see that boy again!"

You can have an abortion without telling your parents. But you never forget that you did it. Do you want to have that secret until you're 25 or 30 and decide to share it with your mom?

What you might hear then is, "Didn't you love me enough to tell me?"

You answer, "That's exactly why I didn't tell you. I loved you so much."

Parents have a hard time with that. Then again, there are some parents who should never know. You know your parents better than any counselor. After discussing it with an adult you trust, you make the judgment whether to go to them.

Caught and Punished

If there's a chance you're pregnant, buy an at-home pregnancy test. For $10 or $15, you can test yourself when nobody's around. Then call a Planned Parenthood or a women's health clinic with a medical staff and go in for pregnancy testing and decision counseling.

You want to start thinking and talking about your options in a pregnancy. How do you see your future if you continue the pregnancy, parent the child, arrange for an adoption?

Only after those conversations do we talk about abortion. By this time, most of you say, "I always thought abortion was okay. I just never thought it would happen to me."

Some of you only had sex once, and now you're

pregnant. You feel caught and punished. It's hard to have to deal with all this. You feel you're being blamed for something you hardly did. Some of you ask, "If I have an abortion, will I go to hell?"

What I say is this: "I talk to a lot of women about that. Most say they feel God is forgiving. He understands that sometimes women need to do this."

Others say, "My parents will kill me if they find out I'm pregnant. But if I have an abortion, God will never forgive me."

"Then you must not have the abortion," I say. "To pay that kind of eternal, moral price is more than anybody should do."

Still others say, "I want to have the abortion, but I don't believe in them."

Nobody believes in abortion. Nobody believes that women should sometimes be made to have abortions. But we also don't believe that women should sometimes be made to have babies that they don't want and don't love.

All of us wish abortion didn't exist. It's not like people who are pro-choice think that all pregnant women should have abortions. We think that until there is better birth control and more teaching of sex education and relationship information, we have the right to offer the option of abortion to the pregnant woman.

Former U.S. surgeon general C. Everett Koop made a study and reported that abortion is a safe procedure, both emotionally and physically. He says he tried to find out where it's dangerous and damaging. He couldn't.

That's not to say there aren't some women who regret their decision. There are some women who become depressed and even need treatment. There are some women who become suicidal because of this and other factors. And there are complications that can occur.

Mixed Feelings

If you ask me, "Is an abortion totally safe?" I say, "This is like any other medical procedure. Things can go wrong. Perforation of the uterus, hemorrhage, all the complications associated with full-term pregnancy and labor occur here, too—only less frequently."

You have to decide for yourself, "How do I feel about having an abortion?" Most women have some mixed feelings. You wonder some about what that child would have been like had it gone to term. But most women do fine.

I also tell women of all ages, "Look, you can let somebody else make this decision. You can blame it on your mom. Blame it on your boyfriend. Blame it on us. But in the end, you're going to need to come to terms with it."

Some women cry, "I have no choice." Nobody can make you go into that room and have the abortion.

I say, "You always have a choice. You're in a bad situation and it looks like this is the way out for you. But

46

you still have a choice. You can still walk out of here and stay pregnant. I will refer you to people who will help you do this."

We don't want to do abortions on women who are going to regret it.

Every Child Wanted

What advice do I have for teen males involved with a pregnancy? Let's say, she's just told you, "I think I'm pregnant."

What I've seen is that the couple does better if you—the guy—remain neutral. You hold back a little and give her some time. If you say, "I want you to have the abortion," she may feel you don't love her and won't love your child.

If you say, "I want you to have the baby," she may feel you want to trap her into being with you forever. What seems to work is if you say to her, "Okay, let's talk. Tell me how you feel about this pregnancy. What are you thinking? What do you feel would be the best decision for you?"

At a certain point—when she says, "What's the best decision for you?"—you should say how you feel and what you're willing to do to provide. You must be honest.

Planned Parenthood has a wonderful slogan. Every child wanted. That's our goal, too.

"The Best Solution Was Abortion."

Amy, 14 Years Old

I've had responsibility my whole life. My father's a farmer. He's an alcoholic, too. Starting when I was six, I had to take care of him. I basically lived in bars.

I remember fourth grade most of all. We would get up in the morning about seven o'clock. I'd go to school. When I got home, I'd go down and help Dad in the barn.

Then we'd go back up to the house, get changed, and we'd go out to a bar. We'd be there from—oh, geez, he got off work about six. We'd be in the bar from seven until three, four in the morning.

When the bar closes, I drag him out to the car. Get him in. Most of the time, I drive him home. He's too drunk even to see. I get him home by five in the morning and up by seven o'clock, two hours later.

It was that way every day. On weekends, forget it, 24 hours in the bar. It was amazing.

I had the responsibility of cleaning the house, cooking for my father and taking care of him. When he was sick, I stayed home and did his chores. I missed 53 days of school that year.

I met Mark when I was in eighth grade. He's older.

I liked being held, but I never really enjoyed the other

part. He said he'd pull out just before he came. That way I wouldn't get pregnant.

It didn't work.

I talked to my best girlfriend. I talked to the school nurse. She said in this state I didn't need a parent's permission to have an abortion. Why should I tell my dad? He barely knows I'm here. My mom left when I was little.

Screaming Voices

On Tuesday, my girlfriend and I cut school to go together for my abortion. I sat at a desk and heard them ask, "Is this your first abortion?" Then you have to fill out a questionnaire about your medical history, your periods and things like that. They go over it with you, to double-check everything.

Next they say, "Are you doing this of your own free will?" They make you write it on the bottom of that paper. You have to sign it, too.

When I was back in the waiting room, all of a sudden, you could hear these voices outside screaming, "Don't kill your baby! Come out with us. We'll take care of you. Those people only want your money. They don't care about you. They're trying to ruin your life!"

They were pounding on the door, shoving fliers under it.

Some of the girls started to cry. I got angry. I wanted a future! Were they going to help me take care of my father and a baby? I was brought up a fighter. I learned how to deal with problems. For me, the best solution was abortion.

The people at the clinic took us all into a room away from the noise. Nobody left. We all stayed to have the abortion.

No Sex, No Problem

I had this exam to see how far along I was—two months. You sit there until this guy takes blood from you. After all that, you put on a blue gown and these funny blue shoes. This lady takes your blood pressure. Then they send you to this other room where you watch TV until you're called.

They ask you how you want them to do it. You can be asleep or they can deaden you from the hips down. I wanted to be asleep. They stuck this needle in my wrist— the stuff that makes you go to sleep.

I was talking and they were talking. The next thing I knew, it was over. I was in the recovery room. They told me where I was.

You stay in the recovery room until you feel better. After about 10 minutes, they let you get up and walk around a little. They give you this pad, a Kotex, to put on for the bleeding. They had juice, graham crackers, and Tylenol for the pain. But I didn't take it.

They remind you, you shouldn't do a lot of exercising for two weeks, including no sex. I told them, "No problem."

PUBLIC STILL BACKS ABORTION, BUT WANTS LIM-ITS, POLL SAYS

Carey Goldberg with Janet Elder, *The New York Times*, 1/16/98

THE AMERICAN PUBLIC largely supports legalized abortion but says it should be harder to get and less readily chosen. In 1989, 48 percent thought an interrupted education was enough to justify a teenager's abortion; that dropped to 42 percent this year. Support remained overwhelming, however, for women who sought abortions because they had been raped, their health was endangered, or there was a strong chance of a defect in the baby.

People appeared receptive to the idea of a drug-induced abortion, now possible in the first seven weeks of pregnancy using a combination of drugs called RU-486, as an alternative to surgical abortion.

Kate Sullivan, Midwife
Boston, Massachusetts

Once you're aware you're pregnant, on an emotional level you start getting ready. You begin remarkable adjustments in yourself and in your ideas of what your life is going to be like. And then—if you're similar to one out of four or five females—you miscarry.

When you lose a pregnancy, if you feel you have family members or friends you want to tell this information, they often react by saying inappropriate things. "Oh, that's good," you hear. "You'll have a healthy baby some other time."

Because it's not unusual to be upset and grieve this loss, instead of that attitude, you hope for support and concern. If nothing else, you need to pay attention to your sadness. Try to let people know the truth of how you feel and be with those who will be nice to you. You are in a different stage of life than before you miscarried. Be tender and gentle with yourself.

Dividing and Multiplying

Most miscarriages happen in the first 12 weeks of pregnancy. What's amazing, though, is that no one really understands why they occur at all. Probably something goes wrong in basic cell division, the dividing and multiplying that takes place in the very early pregnancy once the egg and sperm join together.

Another common reason might be hormonal. At that moment you don't have enough female chemicals in your system to support the developing egg or placenta.

Sometimes you miscarry without knowing it, before you even realize you're pregnant. There's just heavy bleeding and the passage of something that might look like a tiny bit of tissue. But other times, it's both emotionally and physically painful. You have a lot of abdominal cramping.

Still other times, off and on you have spotting, but without cramping. Then later during a medical exam you discover you had a pregnancy that didn't progress in a healthy, viable way. In medical terms it's called a blighted ovum. When the pregnancy has stopped growing, but hasn't been passed from your body, it's called a missed abortion.

In some miscarriages, you continue to have cramping and bleeding. Your cervix opens up and parts, but not all of the tissue passes. In that case you need to have the medical procedure D&C, dilation and curettage.

Defective

After a miscarriage, many of you feel you're somehow "defective." Right away you try to become pregnant again, as if to make sure you're okay. Here are the facts.

One miscarriage does not increase your chance for

having another. After two in a row, you might have some medical situation to investigate—and definitely after three.

Some teenagers want a pregnancy to go away. Friends tell you about "things" that will work to help you miscarry. Don't follow their advice. You can make yourself really sick trying to force your body to miscarry.

"Without My Say-so, She Made an Appointment."

Written by
Tiana Baker, 17 Years Old
Argo Community High School, Summit, Illinois

Having an abortion wasn't by choice. I had to. The baby's father was thousands of miles away. I was emotionally depressed. I spent nights crying in my room, wondering why hadn't he called? Why could I never get in touch with him?

Come to find out he was in jail and didn't even know I was pregnant. After that, everything changed. I didn't eat. I slept all day. I barely wanted to go to school. I didn't want to talk to anybody.

Three months went by before I told my parents. Me and my father were kinda out of touch with each other. He didn't spend much time with me—still he took it the hardest. I watched him cry. It took days before he started making jokes, like calling me Big Momma.

Meanwhile, my mother was doing all she could to get me an abortion. Without my say-so, she made the appointment. The week I was scheduled, first I had to have an ultrasound. I don't think you should have to do that. It hurt to sit there and see a baby, yours, silent, floating in your stomach. And you're about to kill it.

I cried and cried. I am against abortion. I feared that it might be difficult to get pregnant later on. Plus it was mine and my parents had no interest in my feelings. For the first time in my life, I hated my mother.

Then the night before the abortion, she broke down crying and told me some things: "I was being foolish, Tiana," she said. "I'm sorry. I just didn't want you to mess up your life. After seeing the ultrasound, I know it's your child and your decision."

I chose the abortion.

My grandma came along to make sure I was going to be all right. I thought to myself, "I ain't gonna get bothered by it." But what a lie! To any teenage girl thinking about an abortion, weigh all the pros and cons—with the partner. Without him you won't get nowhere in decision making.

Pain and Irritation

During spring break the baby's father will see me for the first time since all this. He hates me, he says, because of the choice I made. "You should have gotten in touch," he says. What an asshole, right? I had been waiting and calling and calling and waiting, and he says that I'm the one.

Looking back, this is my best advice: Think first before you act. And you're better off having safe sex or no sex at all. The emotional pain and irritation you go through ain't worth it. To this day I regret the abortion.

WHY BLAME YOUNG GIRLS

Mike Males, *The New York Times*, 11/21/96

MORE THAN 2/3 of all teenage mothers are impregnated by men over age 20. California birth statistics show that men over 20 years of age father 2.5 times more babies by high school girls than do high school boys and that adults are responsible for four times more births among junior high girls than are junior high boys. Seven hundred thousand teenage pregnancies every year involve partners who are 20 to 50 years old. Seventy-four percent of girls under age 14 who have had sex are victims of rape.

Eunice Au, Editor of Newsletter "The Cross and the Rose"
Pregnancy Center, New Jersey

I'm against abortion.

I work as a volunteer at a pregnancy center. We're listed under "Clinics" in the yellow pages of the telephone directory. Girls call up and want to know information about abortions. They ask how much an abortion costs. Do we perform them?

We say, "We don't perform abortions here in the office."

You see, our goal is to persuade you not to have an abortion. If you knew ahead of time that was our goal, you might not come in. Across the country, there are places like this one with the same purpose and methods.

Once you're here, we give you a pregnancy test, show you videos about the issue, and find out why you want an abortion. Often we hear, "My parents will freak." Or, "It will screw up my life." Or, "I don't have the money." For most girls, though, the reason is that having a baby is inconvenient.

You want to deny you're pregnant. We say, "Imagine you wanted to be pregnant. You are happily married and have lots of money. You'd go, 'Yippee, I have a baby growing inside me.' It's just that today the circumstances are different. You can't, though, deny a baby is there."

If you have any religious background, we remind you that God says it's wrong to murder. Abortion is murdering a baby. You also face medical and psychological risks.

We know mostly you're scared. This is an upheaval to your life. We don't promise you any quick fixes. It's a lie if we say it's easy. But we can help you during and after the pregnancy through referrals to such places as prenatal clinics, drug programs and adoption agencies.

"I Had to Get a Judge to Say 'Okay' to My Abortion."

Heather, 20 Years Old

At the age of 14, I got sick with bronchitis. My mom took me to the doctor. He said, "We'll go have an X ray."

In the examining room there was one of those posters that read: "If you might be pregnant, let us know." All of a sudden, I remembered, "I haven't had my period!" To be honest, I hadn't even thought about pregnancy until I saw that sign.

You hear about it happening, but the girls who get pregnant are the ones always in trouble. I wasn't doing drugs. I wasn't out drinking. So why would I worry about getting pregnant? That's how I thought.

Of course, I was having sex without using birth control.

"I might be pregnant," I said to the doctor. "Can I have a pregnancy test without letting my mom know?"

My mom talked about sex, but when she did, she said it was wrong. I was too young.

But for me, boys and having crushes were in the picture by second grade. By eighth grade I started going with Tim. He was a year older. I liked that he was mature and had a good head on him. He was open and honest. He was always with me. This was big-time stuff, and his mother hated me.

I can still see it to this day. As I walked out of the doctor's office, he flashed a piece of paper. On it was the word "positive." I was pregnant. I got in the car and cried.

Madly in Love

First of all, I told Tim. We were both scared to death. We didn't know what to do. I wanted to close my eyes, go to sleep, and when I woke up, this would not be happening.

Then, like anybody else, I kind of fantasized about it. "This is wonderful. A baby!" I didn't, though, go off into that world of "Oh, Tim and I will get married. We'll have this baby." Sure I was madly in love with him and he was my first love. Still, I was 14 years old.

I worried to myself, "Be serious. There's no way I can support a baby. Mom would have to do it."

Then there was adoption. I felt I wasn't the right type

of person. If I did that, I'd still wonder today, "What is that baby doing? Are they loving parents?"

I talked to my girlfriends. One said she'd be there for me whatever I did. Another one thought babies are neat. She didn't believe in abortion, she told me.

To me, abortion was just a word. I didn't know anything. Tim and I agreed it was time to tell my mother. The problem was I didn't know how. We've always been close, but she had high expectations for me.

I hated school, but to her, education is everything. She doesn't have a college degree. So even though she always had a job, like executive secretary or office manager, it was a struggle raising me and my sister.

See, she and my dad divorced when I was five. He was an alcoholic and that broke them up. I don't remember much of him around the house. After he left, I only saw him a couple times a year. He was almost a stranger.

Anyway, I called my mom at work, so I wouldn't have to look at her face. "I have something to tell you," I said over the phone.

My mom didn't say things to make me feel worse than I already did. "What do you want to do, Heather?" she asked.

"I think I want to have an abortion," I said.

She called the Medical Women's Clinic to find out what I needed to do. When she hung up the phone, she couldn't believe it. In our state, before I could get an abortion, I had to tell both my biological parents or go to court to get a judge to say it was okay.

My mom was mad. She was the only supporting parent. She had total custody of me and my sister. She could sign for anything—except this.

I said, "I'm not going to tell Dad."

My mom and I agreed; I'd go to court. But that freaked me out. It was too personal a thing to tell some judge, a complete stranger.

I thought only bad people went to court. You know, like in the movies. And I really didn't have any idea about the court process. "I can't understand why we have to go to court," I told my mom. What could she do? It was the law.

Bucket in the Car

The clinic schedules both the appointment for court and the abortion on the same day. At that time, I'm sick. If there is cigarette smoke, I run to the bathroom. That morning we get up at this early hour and I'm sick, as usual. Tim, my mom and I drive to the clinic with a bucket in the car.

Once there, the three of us watch a video about what will happen that day. Then they do another pregnancy test and feel my stomach to tell how far along I am.

I talk to a counselor, too. We're alone. She asks me what concerns I might have. I want to know exactly what happens. Can I be put to sleep? Do they charge extra for that? Can I have somebody hold my hand? And then I ask about the pain.

"It's different for everybody," she says. "For some, it hurts a lot. For others, it's like very strong menstrual cramps."

She wants to know how I made my decision. Am I feeling good about it? Is anybody forcing me into this? If I want to back out, she says, this is my chance.

I feel comfortable with my decision. We talk about my future plans, including birth control. It's a neat session. Finally we talk about what will happen in court. By now it's 10 in the morning. I'm starving. You can't eat after midnight. With morning sickness, if you eat dry toast, the nausea goes away. I couldn't even eat that.

And I'm so scared.

We go to court, the three of us. We sit out in a big hallway, a bunch of us, other girls from clinics. Anybody can walk by and know why we're there: to see a judge for permission for an abortion.

Our privacy has been stripped away. It's awful.

First they call you in to talk to a court-appointed attorney. She asks all these personal questions. Why do I want to have an abortion? What is my family situation? Why don't I want to tell my father? Why won't I consider adoption?

It makes me feel worse, because I'm required to tell this person, another stranger.

Next I go wait in the courtroom. You get called in one by one to the judge's chambers. My mom goes in with me. And you know what? All he says is, "Hi. Why do you want an abortion?"

"I don't feel I'm ready to have a child. I want to go on to school."

"Fine," he says, scribble, scribble, and I'm out of there.

Severe Cramps

In the afternoon, I have the abortion. The waiting room is full. Some are having abortions. Some are supportive friends and relatives.

When I get called in, there's a lady who goes in with me. She says, "Will you please strip from the waist down and we'll begin." She's there for comfort and to talk to me. For about 30 seconds, my mind starts racing. I think, "What am I doing here? This isn't real."

The lady asks me questions about school and at the same time explains to me exactly what they're doing. She says, like, "They put the speculum in. And now they're going to give your cervix a shot. You're going to feel a little pinch." And that's just what happened. "Now they're going to put this in and turn on a machine. You're going to feel severe cramps." I have cramps, but they aren't bad.

Then they stop and scrape the insides of my uterus to make sure they got it all. They do this one more time and it's done. It's probably a total of five minutes. After that, I go sit in the waiting room, have toast and juice, and a half hour later—home.

I'm older now and looking back at that whole experience. Tim and I kept seeing each other for the next year or so. Then we grew apart. As far as the abortion, I have absolutely no regrets. Sometimes I think, wow, I would have a five-year-old! There's no way I could have done it.

What I think was awful, though, was the court experience. In a state where 50 percent of the minors are growing up in single-parent families, they say we need to tell both our parents. It's not fair.

INDUCED ABORTION

Facts in Brief, The Alan Guttmacher Institute, 1/97

EIGHTY-FOUR percent of all U.S. counties lack an abortion provider and 52 percent of abortion facilities provide services only through the 12th week of pregnancy.

Twenty-six states currently enforce parental consent or notification laws for minors seeking an abortion: Alabama, Arkansas, Delaware, Georgia, Iowa, Indiana, Kansas, Kentucky, Louisiana, Maine, Maryland, Michigan, Minnesota, Mississippi, Missouri, North Carolina, North Dakota, Nebraska, Ohio, Pennsylvania, Rhode Island, South Carolina, Utah, West Virginia, Wisconsin and Wyoming.

Sixty-one percent of minors undergo the procedure with at least one parent's knowledge.

The U.S. Congress has barred the use of federal Medicaid funds to pay for abortions, except when the woman's life would be endangered by a full-term pregnancy or in case of rape or incest. Eighteen states pay for all or some abortions for poor women: Arkansas, California, Connecticut, Hawaii, Idaho, Illinois, Maine, Maryland, Minnesota, Montana, North Carolina, New Jersey, New Mexico, New York, Oregon, Vermont, Washington and West Virginia.

PART IV

KIDS

TALKING ABOUT
ADOPTION, GUiLT, CHANGED MiNDS AND THE FUTURE

Judy Greene, Director, Birth Parent Services
Spence-Chapin
New York City, New York

There are two kinds of adoption: private and agency. With a private adoption, you go through an attorney. With an agency adoption, you go through a private agency—such as ours, Spence-Chapin, or a public one, such as a government agency, a county department of social services.

To find adoption agencies, look in the yellow pages of the telephone directory under "Adoption" or "Social Services." School counselors, women's health clinics and teen parenting networks can help you, too.

Those of us at adoption agencies are not here to talk you into or out of anything. What we try to do is prepare you for the choices you need to make.

Most often you hope you're not pregnant. That means a lot of our clients don't come to us until the sixth, seventh or eighth month of pregnancy. You wait beyond the time you can have an abortion. Then you're faced with raising the baby yourself or
placing the baby for adoption. And you're not sure how you feel about it. Some say you see adoption as selfish, irresponsible and abandoning the baby.

If you feel that way, I ask, "What does a good parent do?"

Usually I hear, "A good parent takes care of the baby. You make sure it gets fed, clothed, and loved—and that it's taught the things it needs to know."

I say to you, "Isn't that what you're doing? A good parent provides for a child. You're providing a loving, adoptive family." You should not feel guilty if you don't feel ready to be a parent. It's okay to want to do the things that teenagers do.

Bad Feelings

The sooner you contact an adoption agency, the more we can help you. For example, we talk about decision making. We answer your questions.

One question we hear a lot is: Do my parents have to know about the pregnancy and adoption? We strongly suggest you involve your parents, especially if you live at home.

Most teenagers think, "My parents will kick me out of the house." Rarely does that happen. Sure, there's some anger and shock. But we hear from most girls that the parents are supportive.

However, some of you grow up with abusive parents. There's nothing in the law that says they have to know. In fact, this is one of the few situations where you, a minor, can sign a contract—the paper giving up the child. Legally, the child is yours.

Another question we hear is: Does *he* have to know? Many times it was not a serious relationship. Or it's over, and now you've found out you're pregnant. No matter who did the breaking up, you've got bad feelings.

We help you separate out those feelings and think about how this child is going to feel growing up when it says, "What did my daddy look like? What ethnic background am I? Can I inherit any medical condition from him?" For the baby's future, we need to get information about both parents.

Let's say the birth father doesn't want to get involved at all. We say to you, the birth mother, "Could you take this medical form, leave off the name and have him or his family fill it out?" In many states, though, you have to name him. In turn, birth fathers are increasingly getting more rights.

When you fill out the form, you should be open and up-front. If you're crack-addicted, let us know. If you have childhood diabetes in your family, let us know. If this baby is the result of incest, let us know. We may have to say to you, we don't have any families that can accept the baby at this moment. But we'll work with you to find an organization or a family that will take this child.

If you come to us, we ask you what you want in an adoptive family. Maybe you say, "I want them to be Catholic. I want them to be college graduates, artistic, athletic and have a dog."

We then give you information about several families that meet your criteria. The material often includes how the couple met and why they were attracted. It gives a physical description, education and jobs. In some cases, you might want to meet the potential adoptive parents. These meetings don't always go the way you expect, but they're all wonderful.

Some agencies and private lawyers feel that teenage birth mothers aren't mature enough to make the decision on which family is right for their baby. They don't want you to meet. Ask the agency or lawyer you're thinking of going through, "What's your policy on this?"

Today, more and more birth mothers and adoptive parents know one anothers' names and addresses. After the baby is born, some even keep meeting maybe once a week to once a year.

Changed Minds

Pregnancy often makes you feel fat, angry, frustrated and sad. Why me, you wonder?

One day, though, a baby is born. You're dealing with your flesh and blood. It's a different set of feelings. This is a crucial time for the birth mother.

In most private adoptions, through an attorney, the birth mother signs the papers in the hospital. The baby is discharged and goes immediately to the adoptive family.

With Spence-Chapin and many other agency adoptions, we give the birth mother a few days or even a few months where the baby is put in temporary child care.

You've just gone through childbirth. It can be difficult under the best circumstances. You're under medication. You have incredible highs and lows. This is not always the right time to make such a serious choice. You need to distance yourself to make sure this is what you want.

The decision to place a child in adoption—or raise a child by yourself—is one you have to live with for the rest of your life. We want you to feel good about it.

At this point, the vast majority of birth mothers change their minds. They keep the baby.

For those who do turn to adoption, state laws vary about the formal procedure for signing what's called surrender papers. What you should know, though, is that once you sign the papers, there is no easy way to get the child back if you change your mind.

It's painful and expensive for everyone. It would be much better if you take extra weeks to make sure your decision is solid.

I think some people feel, "Oh, I'll never get over this." The truth is, while you don't forget, you learn to live with it. And with an agency's help, you learn to live with it in a much better way.

"It Was Too Late for an Abortion."

Emily, 16 Years Old

David's the first person I ever slept with. He's different than most guys. He isn't self-centered, always talking about himself. He isn't macho. He's just nice.

For months, I told myself a million reasons why there was no way I could be pregnant, especially since David used a condom. Finally, I knew I had to move on it. At the time, I was not going to tell my parents. I was set on getting an abortion.

I cut school and went to a women's health clinic. I'd never been to a gynecologist before. Once inside, I was shuffled around to different people. First, one lady filled out an application, another did a blood and urine test, another did the examination and another talked to me.

The doctor said, "You're 21 weeks pregnant. How could you let this go so late?! We can't legally do this."

I was hysterical. In my mind, I wanted it to be over. I didn't want anybody to know. I had tried to make decisions by myself with David.

A counselor said, "If you still want to get it done, you could go to New York State. It's legal there up to 24 weeks." The more she told me, the more freaked I got: Be prepared for demonstrators outside. What it is, more or less, is they give you a saline solution that forces you to miscarry.

I'd been a wreck about getting an abortion, borrowing the money from David's best friend, and now I was, like, forget it.

I told my parents. David told his. All of them were upset, but they were more worried about him and me. How could we go through all those months hurting ourselves without telling them?

A Future

My dad came into my room and said, "We're going to figure everything out."

"I'm so sorry," I told him. "I never wanted to disappoint anyone."

David was scared to death my parents would hate him. But they knew and loved him. They never gave either of us ultimatums. Finally, me, my mother, my father, and David sat down and talked about options.

"If you decide to keep the baby," my mom said, "you could still go to school. You could still go to college. We'll help you as much as we can with watching her. We'll support you financially as much as possible."

"Keeping it is not an option," I said. One or two friends had done that. It was not the way I wanted my life or a baby's life to be. It was unfair. Then I felt selfish: All I could think about was myself.

Still, I wanted a future. The baby would be more like my sister than my child. My parents would wind up raising her. Everyone's life at home, my sister and brother's, would be affected, too.

My mom said her doctor, a GYN, got hundreds of letters from couples asking if he knew of women who are pregnant and don't want to keep it. Finding a home for my baby—a white baby—would be no problem, he told her.

I felt the baby move.

The doctor wrote a letter to school, saying I needed home tutoring. I was "fatigued." I didn't want to have to deal with telling my friends. I just couldn't.

My mom went to see the lawyer the doctor suggested. How does adoption work? she wanted to know. What were my rights?

A Meeting

In the beginning, I didn't want to meet Wendy and Harlow, the couple the doctor and lawyer said wanted to adopt the baby. David did. He wanted to know what kind of people they were.

Then I changed my mind. The word came back—they didn't want to see us. I got annoyed. I said, "I don't mean to sound like a bitch, but I'm giving them something they can never have. I don't think I'm asking that much." They set up a meeting.

It was awkward at first. Nobody knew what to say. I told them, "Please, don't feel like you're being interrogated. You're the people we've decided on. We just want to know what you're like."

After talking a while, you could tell they really liked as well as loved each other. They liked doing stuff together. And then they asked things about David and me.

They said they'd tell the child about meeting us.

You know, David was wonderful during this whole thing. Everyone was so worried about me that none of our parents saw how much he was going through. He was always calming me down. And he was scared that,

God forbid, something might happen to me. I tried to let him know how much I appreciated all his support.

The doctor said, "Whenever your contractions are five minutes apart for an hour or your water breaks, go to the hospital."

The Twinges

I was in bed, staring at the ceiling, when the twinges started. I woke up my mom and said, "We should go!"

"Relax," she told me.

I called David and told his mom I was ready. My dad walked the dog. I started throwing up. My mom said, "Don't worry. There's no more pain than bad cramps."

That's not true! I was in agony.

After the birth of a baby girl, I felt lousy. I'd had an episiotomy. I had stitches and stuff. I was exhausted.

The nurses on the floor knew about the adoption. They put me in a room at the end of the wing by myself. That way, I didn't have to deal with other women and their new babies.

The lawyer wanted me to sign some papers. He'd take the baby to the couple. I was nervous. I went down to the nursery with David to see her.

Later, when I asked, a nurse brought the baby to my room. I looked at her. I played with her. I didn't hold her. I thought that was best. I didn't want to get attached to her.

I started to get depressed. I could hear women with their babies, giggling and cooing. I remember crying, saying to David, "I don't know what I want to do."

"You need time to decide, Emily."

They all knew I was getting depressed. It was agreed the baby would be put in boarding care for a month while I thought about my decision.

My mom said, "You may not want to keep her as far

as how you'd have to adjust your life. But, if you're going to hurt every day because you miss her so much...."

The whole time I was pregnant, I was convinced it was a boy. Having a girl made the decision harder for me. What if I never had another girl? What if I couldn't have any more children?

Meanwhile, the lawyer kept reminding me these people were both making over $100,000 a year. They could financially care for her better than I could.

It wasn't as if she'd starve if I raised her. I was envious of them for being able to have her. I wished I could have been married. I wished it was later in my life when I could have kept her. In the end, I felt I had no choice but to give her up. In my heart, as much as I was sad, I knew it was for the best.

A month after I gave birth, I went in front of a judge to sign the surrender papers. She asked me if I understood everything. At that point, I was giving up my legal rights to the baby, but I did have 30 days to appeal it.

For the first 30 days when my baby was in boarding care, I could have changed my mind and taken her just like that. The judge said, "After you sign these papers, if, for some reason you change your mind, you will have to appeal it and go to court. The court will then decide who gets the baby."

She said again, if I signed this, that has to be final. I wasn't thinking, "Ohmigosh, I'm signing her away." I just did it. I was anxious for us both to get on with our lives.

I Cried

It's been six months now. In daily life, David and I go to school, go to work, things like that. When I'm upset about other things, I start to think about the baby.

Yesterday I was watching a TV show where a woman

just found out she was pregnant. I cried. I cried for me and the baby who will never know me. Will she hate me?

Today, Eight Years Later

Eight years have passed since Emily and I talked. These are her feelings today:

I'm 25. I graduated from college. David and I are still friends, but I'm engaged to someone else. My fiancé knows what happened. He's supportive, even though I don't think you understand unless you went through it.

For the first year, the whole thing was on my mind every day. I was nervous about having sex. I couldn't separate it from the fact I might become pregnant again. Basically David and I had a platonic relationship.

I didn't regret my decision, but I felt guilty and selfish. While the baby's welfare was a big concern, mine was more important. And I had made it this horrible secret.
I began to realize it wasn't fair to the baby I gave birth to. I had her and she was part of my life. It wasn't something I should be ashamed of. I started to tell my best girlfriends.

Finally I went to a therapist. She said I shouldn't wallow in what happened, worrying is she sick? Did she die? What if I'd done this or that? I put up a stop sign against all the "what-its."

She had me go to the mall to look at 16-year-old girls. "See how they act," she said. "You think of yourself as more mature, as if you were an adult back then. You're so hard on yourself for a decision you made as best you could."

I try to be objective. I hope to hear from her someday, but if she doesn't feel compelled to find me, I'll assume she's settled and happy.

SPECIALISTS REPORT
RISE IN ADOPTIONS THAT FAIL

Katherine Q. Seelye, *The New York Times*, 3/24/98

EXPERTS CAUTION that domestic adoptions sometimes fail, frequently enough that Federal assistance is maintained for children who, their adoptions disrupted, must return to foster care.

The largest and longest study of [domestic disruptions] found a disruption rate of 6.5 percent. Other studies have documented that the older the child, the more likely the adoption to fail. Disruption rates in those studies ranged between a low of 4.7 percent, for children from three to five years old, and 10 percent, for those from six to eight.

Because of pain, guilt, embarrassment, grief and a sense of failure, the process of un-adopting a child is still largely kept from public view. Adoption agencies do not like to discuss it, and parents hate to admit to it. Experts emphasize that the overwhelming number of adoptions remain intact.

"You Can't Just Live on Love."

Dawn Lee,
16 Years Old

AT THIRTEEN I MOVED IN WITH MY DAD AND STEPMOM. BUT THE STREETS WERE BETTER THAN WHAT WAS GOING ON IN THAT HOUSE. I RAN AWAY.

IN SCHOOL I'M DUMB AS A BRICK. STREETWISE I'M A WINNER.

DAWN, CHECK IT OUT— WE GOT SOME GOOD STUFF.

WHEN I FOUND OUT I WAS PREGNANT, IT WAS TORTURE. I WAS SLEEPING WITH SO MANY DIFFERENT GUYS— AND WITHOUT PROTECTION. I CALLED MY REAL MOM, EVEN THOUGH WE'D HAD PROBLEMS.

HI MOM. I'M SAFE, BUT I'VE GOT A PROBLEM.

WHAT IF I HAVE AIDS AND GIVE IT TO MY BABY?!

STILL IT WASN'T LIKE I HAD LOTS OF CHOICES WHERE TO GO. I ENDED UP BACK LIVING WITH HER.

STAY IN YOUR ROOM! I DON'T WANT MY FRIENDS TO SEE YOU!

MOM WAS ASHAMED OF ME ONE MINUTE...

...AND THE NEXT MINUTE...

AWWW! I CAN FEEL IT KICK!

THEN OUT OF THE BLUE SHE TOLD ME SHE PICKED OUT A SUITABLE COUPLE, RON AND KELLY, FOR ADOPTION.

MY MOM SET THIS UP. BUT I CAN'T DO IT.

GET IN THE CAR! *©$&!!

MY MOM SAID WE COULDN'T STAY WITH HER, SO THE TWO OF US MOVED IN WITH MY DAD AND STEPMOM.

THE DAY SHE TOOK HER FIRST STEP, I FOUND OUT I WAS PREGNANT AGAIN. WHEN I TOLD THE GUY I WAS SEEING THEN, HE BLEW UP.

WHAT I DID WAS THE MOST UNSELFISH THING I COULD THINK OF. I LET THAT SAME COUPLE, RON AND KELLY, ADOPT MY **NEW BABY.**

I CAN'T TAKE CARE OF YOU RIGHT.

FOR THE LAST TWO MONTHS OF MY PREGNANCY DAWN LEA AND I LIVED WITH THEM.

WHEN HE WAS BORN, I WOULDN'T EVEN HOLD HIM.

SINCE I CAN'T BE HIS MOM, I'LL GIVE HIM SOMETHING HE CAN'T THROW AWAY— HIS NAME... TRAVIS MICHAEL, AFTER HIS DAD.

YOU CAN VISIT, AND BE HIS "AUNTIE DAWN"!

SOB

I FEEL SO BAD, CHOOSING ONE CHILD AND LETTING THE OTHER GO.

YOU CAN'T JUST LIVE ON LOVE, I TOLD MYSELF. THAT COUPLE GIVES HIM WHAT I CAN'T: A SAFE, HAPPY ENVIRONMENT. AND MY DAUGHTER? I ONLY MAKE $300 A WEEK. MY DAD AND STEPMOM ARE RAISING HER.

I'VE RUN AWAY AGAIN. I'M TRYING TO GET MY LIFE TOGETHER. I GOT A PLACE OF MY OWN, A NEW WARDROBE, AND I WANT TO PUBLISH MY POEMS.

NOT A DAY GOES BY WHEN I DON'T THINK OF THEM.

WHAT DOESN'T KILL YOU MAKES YOU STRONGER.

IDA MARX BLUE SPRUCE

Beth, Adoptive Mother,
Private Independent Adoption

Four years ago, my husband and I adopted a baby. We named him Lucas. Now we're trying to adopt another child.

Like most adoptive parents, first we went through such a nightmare trying to have a baby. I had miscarriages, ectopic pregnancies and years of tests. Not being able to make a baby is heartbreaking.

Finally, we decided to try to adopt. Instead of going through an agency where you wait and wait for them to call you, we went to an attorney who specializes in independent adoptions. He told us what to do.

Financially Secure Couple

We take out personal ads in newspapers. They say: "Happily married, financially secure couple looking to adopt a newborn. Please call the following number. Let us help you."

We have a phone number just for those calls. When that phone rings, we're scared. We want this baby more than anything in the world. And we don't know who's calling. Are you for real?

You should understand something important. This method of adoption has become well known. A lot of not-very-together people make a lot of phony calls. These kinds of calls are cruel.

Because of them, sometimes the person who calls—maybe someone like you—is questioned a little too closely. Just remember, we only want to know the truth. It's so important that you're honest.

In this first phone call, we ask for a few details. What happened? Why are you giving up the baby? How's your health? Have you been to the doctor? Are you sure you want to do this? Describe yourself. Describe the birth father, if you can. Not all birth mothers are sure who the father is. That's okay, too.

I know you're probably nervous answering these questions. You think, "These successful adults are going to be sitting in judgment of me. And here I am pregnant!"

Neither of us on this end of the phone thinks you're stupid or horrible. We've all had a sex life. Maybe we didn't get pregnant by accident, but the reason might have been that we couldn't get pregnant at all.

Usually we hear from someone who's about four or five months pregnant. And yes, you're going through a rough time. Frankly, though, I respect you for trying to make the best decision for the future of the child. You're responsible and caring.

Callers ask me questions, too. I hear, "Will you tell the child that he's adopted?"

"Of course," I answer. Lucas is four and we have begun talking to him about it. We describe it to him in the most loving way. We say he didn't grow in my belly. He grew in someone else's. She loved him and couldn't take care of him.

As he gets older, we'll give him more details.

Some callers worry that we'll tell the baby that you didn't care. Or that you were a bad person. No adoptive parent would ever do that. It's not good for the child.

One young woman asks a special question. She wants to see if I'm capable of loving a baby I didn't make. She says, "Describe how you felt when they put your son in your arms."

"It was the most extraordinarily happy moment in my life," I answer.

Get Grilled

After this first conversation, we give you our attorney's number to call. That's where you should expect to really get grilled. The attorney asks about everything from your nationality to any drug use during pregnancy.

There's a long list of medical problems he checks off, including anything else we should know about your own family and the birth father's family. Does the birth father know about this, and if so, how does he feel? Would he be willing to sign the appropriate forms?

Unless you're in the same city, this interview usually is not done in person. At some point, though, our attorney sends you to another attorney in your hometown to make sure everything is in order.

And certainly, before any money is given to you to help out, say, with medical expenses, basic living costs and so on, you have to go to a doctor. You do this to confirm the pregnancy. You see, some people call and pretend they're pregnant just to get money.

You can call adoptive parents and talk to them and not be sure about adoption. You can talk to an attorney and not be sure. But once you commit to adoption, once you're heading down that road, you're involving other people. You have to come to terms with what you're doing.

In our own way, with our financial and emotional commitment, we're pregnant with you. We're expecting this baby, too. Last time we bought stuff for a nursery and kept it in my friend's garage. Up until we actually had the baby in our arms, we were terrified it was not going to happen, that the woman would change her mind.

This time, the young woman is due in six weeks. And between you and me, I don't know if she's going to give us the baby. While we're very sympathetic to her indecision and fears, we're terrified again. We feel vulnerable.

I start feeling depressed over not having been able to do this magical thing—have a child—myself. I pull myself up short with the following thought:

If God on high came down and said, "It was a big mistake. You can make your own children. In fact, you can make three of them. The only thing is, you have to give up Lucas. He can't be in your life." I absolutely wouldn't do it.

There is nothing in the world, no promise of any kind that would make me want to give up this son. There's no difference between the way I love Lucas and the way birth parents love a child.

Today, Eight Years Later

Here is an update from Beth:
We did get ripped off by that woman. It was horrible. She lied about the pregnancy, about the father, about so many things.

But then we tried again and found a lovely couple who didn't feel they could give a baby what they wanted to. Now we have two handsome, intelligent cheerful sons. They're what kids should be. Lucas, the 12-year-old, can be obnoxious, and the seven-year-old, Joshua, can be demanding. They are both great and very much loved.

Last year Lucas asked to see a picture of his birth mother. He asked why she did this, and I told him the truth: "It's a tremendous job. She couldn't do it. You are more important than a romantic idea of keeping a baby."

In no way does he resent what she did. He sees how much kids cost, the work I do and the things involved. He appreciates that she wanted to give him a life. Also, we live in a community with other adopted kids. He doesn't feel out of place.

Joshua to date is unconcerned. But I'm always ready to answer his questions.

PART V

KIDS
TALKING ABOUT
FOSTER CARE,
A STEPDAD,
DRUGS AND JAiL

"My Stepdad Got Me Pregnant."

Stephanie, 16 Years Old

When I was a kid, I lived with my mother, my stepdad, my stepbrother and my half sister. By the time I was 11, my stepfather was coming into my bedroom and raping me. If I told anyone, he said he'd do the same thing to my little sister.

Two years later, I got pregnant. He was the father.

To deal with it, I pretended it wasn't true. By the time I was six or seven months pregnant, kids at school would say, "Stephanie, are you pregnant?"

"What?" I'd say. "Are you crazy? I've just gained weight." Finally my mother said, "Go have yourself tested." I did, and I was pregnant.

What I didn't know was someone had made an anonymous call to social services about the stuff going on at home. They sent a social worker to school to talk to me. I didn't want to tell anybody. I didn't want to uproot the whole family.

Someone from social services went to my house too. They arrested my stepdad that very day.

Liar!

I leave school, take the bus home, and walk into this. My half sister starts screaming at me, "I hate you." Andrew, my stepbrother, says, "Why did you say it was Dad?" This is his son. He can't believe it.

When my mom gets home from work, she starts screaming, too, "You're a liar! A liar!"

I feel terrible. I cry and cry.

A Slave

At school, everybody stared at me. I knew they were saying I was disgusting. I didn't care. My close friends accepted me. I just kept going to school until a week before the baby was due.

The doctor said my amniotic fluid was very low. The baby didn't want to come out. They wanted to induce labor—make it start. They would give me medication to bring on contractions.

At three in the afternoon, they took me off the medication. At four o'clock, my water broke. I said to my mother, "I feel like I have to go to the bathroom." I was in such pain.

Then, all of a sudden, there was the baby's head. They shoved me into the delivery room and the doctor came in at a dead run. Ten minutes later my baby was born. She had a full head of red hair, and I named her Rusty.

After I was home from the hospital for two weeks, my mom said, "I can't take this anymore. I want social services to put you in a foster home."

WHAT!?

It was like she kept me at home while I was pregnant. After Rusty was born, I could go on my own. A caseworker from social services said, "Stephanie, we have a nice home for you with a foster care family."

It was a young couple. They were only 22 and 23 themselves. They had three little kids. The state would pay them $300 a month each for Rusty and me, a total of $600.

That night, I packed my stuff by myself. Next I packed what little I had for Rusty. In the morning we left to move in with that couple.

Within weeks, they were using me like a slave. Wash dishes, cook, scrub the showers, wax the floor, clean the windows. On weekends, they had a bigger list of things to do. Everything had to be spotless.

Rusty would cry. I'd let her go. The husband would yell, "Pick her up." But I thought picking up a baby every time teaches a bad lesson. And I wanted to raise her the way I thought best.

Three months after I had Rusty, I went back to school. I was in bad shape, tired and feeling guilty. I thought I should stay home with her, but how could I do that and get an education? I wanted to excel!

I'd come home with schoolwork, then stay up half the night 'cause Rusty was colicky. By then she was crying all the time. "Pick her up," the husband would holler.

Only Probation

My caseworker stopped by to see how I was doing. She told me my stepfather had moved back in with my mom. Charges were brought against him, but he only got probation. "Don't worry," she said. "Things will be okay."

"What do I tell Rusty when she asks about her daddy?" I'd think to myself.

I was 13 when I got pregnant. I was 14 when I had Rusty. I was 15 now and I wanted to have my own home. To learn how, I took some classes in independent living skills.

"We'll find you a different foster family, instead," the caseworker said.

And they did. The problem was the husband had been in Vietnam. He had flashbacks. He'd cry out in pain, like someone was kicking him. His wife was religious. She wanted him to go to this place where they get the Lord back into you.

Meanwhile, I felt like I never slept. I was always doing for Rusty, going to school or studying. I never went out with friends. I had responsibility.

The only person I talked to during this whole time was Rusty, and with her I'd just sit there and cry. "I have to do well in school. It's our best hope for the future."

She listened to me. She cried with me. It was like she understood me. When I stopped crying, she stopped crying. When I brought home my report card and was on the honor roll, we smiled together.

My foster mother thought I needed to get out a little. "Why not find a part-time job?" she said. "Taco Bell needs help." I started working about five hours a night, four nights a week and weekends. At times I was working 30 to 35 hours a week. I loved it, but it was killing me.

Rusty went from day care to a nighttime baby-sitter.

My foster mother said, "She's a disaster. Every time you leave the house, she screams her bloody head off."

She was two by now. She wouldn't sleep at night. When I was home, she followed me around like a lost puppy. We were both irritable. My caseworker was bugging me about parenting classes. I was getting, like, I can't handle this anymore.

On my 16th birthday, I bought myself a car.

I came home from work and my foster mother told me she had to spank Rusty to get her to bed. I looked at her and saw bruises. Bruises! I was upset.

My caseworker and my foster mother said, "Stephanie, cut back on your work hours."

"Okay," I said, even though I needed money for Rusty's diapers and clothes, and now car payments. That worked for a week. I had to have my work. My work was my sanity. I was learning management, something good for my future.

I went to social services. "Look," I said, "I want to put Rusty in foster care by herself. I think it will be better for her. I'll catch my breath. I'll go live with my girlfriend and her mother."

No Nothing

It was a hot day. I dressed Rusty in a white jumper with a sailboat on it. I put her in the car and took her to another foster family. The new foster father came over to the car, opened the door and unhooked the car seat. He took her away. No hug. No kiss. No good-bye. No nothing.

Rusty, my little two-year-old, turned back and looked at me, like, "What's going on?" I drove to my girl-friend's looking through my tears, flooded in the face with reality.

Janie Gore Golan,
Director of Adoption Resource Consultants, Inc.
Plano, Texas

When I was 16, I did some research in a hospital emergency room. One day a doctor said, "I want you to see this baby."

"What's the matter with her?" I asked.

"The mother was on angel dust. Her baby was born without a brain. That's called anencephalic."

The next day the baby died.

That's when I began to learn the effects of drugs on a fetus and a child.

Today, when a pregnant teen tells us, "Oh, I only smoke a little marijuana," we ask if you know that smoking anything has an impact on the fetus. And if you're talking about heroin or crack, drinking four-packs of wine coolers or even using over-the-counter drugs like diet pills, you are a walking time bomb, and so is your baby.

Crack, FAS and Frustration

Every day something new develops in the fetus. Your baby's heart, lungs, liver, kidneys—all the vital organs, and its arms and legs—are formed during the first trimester, the first 12 weeks of pregnancy. Any type of drug, with the probable exception of those prescribed by a doctor, may affect that growth in a bad way.

Kids may be born with too small or too large a head, microcephalic or macrocephalic. They can be born with one eye higher than the other. They can be born without kidneys. They can develop cerebral palsy.

When you use crack or cocaine during a pregnancy, the child you give birth to at first may look healthy. Then a week later, he or she could have the shakes and be irritable. And by irritable, I mean screaming and unable to sleep.

94

Crack babies don't tolerate feedings well. They are extremely demanding. Often they're not able to respond or give love in return. Some medical professionals say, "It's poverty that causes these problems. Anyway babies born addicted to alcohol are more messed up physically and psychologically than those born addicted to crack."

Regardless, you can't forget that doing illegal drugs during a pregnancy is never going to help you or your child. Children whose mothers drink during the pregnancy can be born with what's called fetal alcohol syndrome, FAS. You look at a child with FAS—you see the eyes are very small. The child appears to be sullen. The children might also be mentally retarded.

With two to three drinks a day, a pregnant woman increases the chances of giving birth to a child with FAS by 11 percent. Four or more drinks, it's 19 percent. The more you drink, the greater the danger.

If you're using drugs or drinking, see a doctor. Level with him or her. That person may be able to get you the kind of help you need. However, many pregnant teens become frustrated by the lack of agencies willing to work with those doing drugs.

Your choices narrow. Drug-exposed children are exceedingly difficult to place in adoption. Your baby may be taken from you and end up rotting in foster care.

CLINTON TO APPROVE SWEEPING SHIFT IN ADOPTION/FOSTER CARE

Katherine Q. Seelye, *The New York Times*, 11/17/97

THE NEW LEGISLATION marks a fundamental shift in child-welfare philosophy, away from a presumption that everything should be done to reunite children with their birth parents, even if the parents have been abusive. The legislation would instead give more weight to the child's health and safety. The numbers of children in foster care climb every year and are now up 89 percent from 1982 levels.

"My Boyfriend Was Jailed for Child Abuse."

Judy, 17 Years Old

On New Year's Eve, I was with this guy, Eddie. I met him at the bowling alley the month before. He was visiting a friend in town. I thought he was nice. He laughed all the time.

I was curious about sex. It was one of those things. I just wanted to do it. An hour later, we went home.

When I missed a second period, I knew something was up. First, I thought, "This can't happen." Then I decided, if I'm pregnant, I'm pregnant. I can't give it back.

I told Eddie, and he said he'd buy me a pregnancy test. He never got around to it. Then I told my sister, and added, "You have a big mouth. I want to keep it secret from Mom for a while."

Later that day, me and my sister were in the bathroom trying to curl our hair. We got in a fight. She got so mad she went running to Mom saying, "Judy's pregnant."

Mom screamed upstairs, "You're what?!" Well, she just threw a hissy fit. "How'd this happen?" she wanted to know.

"How do you think?" I said.

I felt abortion was cruel. I was going to have this baby. Mom was kind to me once she got over the shock. She rented me a little apartment to live in.

Pretty soon, though, Eddie and I got in this big fight. He broke up with me. He just didn't bother to let me know.

See, there was this other girl, Donna. Her boyfriend kept beating on her. Eddie went to beat the beep out of him. After that, the two of them, Eddie and Donna, got together.

When I found out about all this, I told him, "I don't know what the hell you're doing. All I know is you were going with me. Now you're going out with someone else. No one does that to me."

Eddie said, "Well, if we're broke up, now I can go with Donna."

Left the State

I was five months pregnant. Morning sickness sucked. Once that was over, it was cool. When you're pregnant, people are nice to you. No one gets on your case.

I started dating again. And guys loved that I was pregnant. They wanted to see how it felt to go out with a pregnant girl!

Then I got a call from a social worker. Because I was on welfare, they wanted to know about the baby's father. They had to have it for paternity papers. The only thing I knew was his name. I told them the truth: "I heard he left the state."

By then, I had started dating Max. None of my friends liked him. He hadn't gone past 11th grade. I dropped out of school, too.

I wanted to spend time with my sister. Max wouldn't let me. But he was there for me. He showed up. He came to the hospital for the birth of Shannon.

For about a month, I stayed with Max at his home. It was his mother, me, him and the baby. Then we moved three different times. Mainly, we stayed with friends for a while.

Max had a job at a pizzeria. I made him help with the baby, too. He'd get up in the morning, give her a bath, feed and change her. That's when I'd get up.

He started complaining, "That's your job."

"I get up in the middle of the night. You try that once in a while," I told him.

One morning, all I know was Max was changing the baby like usual. He picked her up by the arm and went to stick his other hand underneath her butt. By the time he started to do that, the baby wiggled around and started screaming.

She kept screaming, really long. Shannon has a high-pitched scream. Usually, you pick her up, hold her and she stops crying. This time she didn't. And she wouldn't move her arm. I knew something was wrong.

The doctor took a look and said her arm was broke. Then out of nowhere, protective services got involved. They came to the hospital and asked, "What happened?" We told them the story.

I can't remember exactly what they said—something about neglect and abuse. "We've got to take your baby away, put her in a foster home," they said.

I started crying, "Give me my baby back." She was just three months old. I was being a good mother.

We went home. It was hard seeing the crib there and everything. I couldn't get to sleep that night. The doctor gave me "dry pills" to take so the milk in my boobs wouldn't hurt that much.

Mumbo-jumbo Talk

There was a hearing. I had to go in to the court and talk to a judge. He asked me a bunch of stuff, like, "Explain what happened." He said, "You're going to have to go to parenting class."

Then the judge said I had to see Shannon one hour twice a week and all this mumbo-jumbo talk that they do. Next Max had to go to court. It was scary.

Judges always put different words in there. You say it and they say it and it comes out different. The judge said, "How could you do that to a baby? You'll spend 30 days in jail—child abuse, second degree."

I've seen babies fall off changing tables all the time. They break a leg or something. I don't see protective services jumping on them. It's just like with certain people they do.

I think they came after me 'cause I'm a teenager. It isn't any of their business. I should be able to raise my kid the way I want. I hate it when people get involved in your problems when you don't want them to.

When Max was in jail, I wrote him a letter. I said it wasn't working out between us. He wrote me, saying, "Can we be friends?"

Now he's out and he won't even talk to me. He's got a loose screw somewhere. I wanted him to say, "I'm sorry for what happened to the baby."

Then I could say, "Yeah, right." But I didn't hear any apologies. Sometimes I think about what to tell Shannon about her dad. I'll say, "Yeah, you do have a dad. Somewhere around these United States. Someday you might see him. It just didn't work out between us."

To me, a guy's a guy. You've got to expect that from them. I won't throw my anger up to my kid.

But it's weird now. I live by myself in a downstairs apartment. I don't even have cable TV. I'm lonely. I go back to court September 19th. I should be able to get my baby back within that month. Shannon's a year old now.

I pick her up from the foster home. She's walking all over the place. I got a stroller so I can take her over to my friends to show her off.

I'd like to have a boyfriend. I like being with someone. It's fun—share the laughter, share the joy. What's important, too, is I want to be a good parent. That's all I've got to say.

PART VI

KIDS

TALKING ABOUT

PARENTiNG FOREVER,
A MAD GiRL AND
MAKiNG BABiES

"We'd Better Last Forever."

Susan, 16 Years Old

I don't like being alone. I've always had a boyfriend. But back when I was 14, before I met Peter, boyfriends sometimes meant trouble. We partied, did drugs, cut school. One month I was in class for only a day.

My parents always compared me to my "perfect" older brother. I didn't care. I wanted to do what I wanted to do.

Then Peter and I started to get serious. He picked me up every day. We walked each other to classes. We went to lunch together. After school we'd go to work and meet right after.

At night we either ate supper at my house or his. Then we'd go into his downstairs bedroom. We'd watch TV and whatever else. Every time we came upstairs, his mom and dad said, "You're going to have a problem that you're not going to be able to deal with."

Every time Peter said, "Don't worry."

We'd been going together for about eight months when I got pregnant. Since I couldn't get the nerve to tell my mother, Peter followed her into the kitchen and said, "Susan's seven weeks pregnant."

She shook her head and said, "Stupid kids. You should know better." She came into the living room where I was and said, "There's going to be no abortion."

"Fine. I want to have my own baby, anyway," I said. Then I started to cry. "I feel bad because I hurt you again."

"Don't feel bad for me," she said. "Feel bad for yourself."

Next we went over to Peter's. His dad was sleeping in front of the TV. His mom was sewing up a shirt. "I'm going to tell you something you're not going to like," Peter said.

She knew right away. She told me I had to stay in school. Then she gave us both a hug, cried a little and said I'd better go see the doctor.

The Worst Pain

I went to my doctor's office about once every month. Near the end, I went every other week. At first he gave me lots of pamphlets to read—like, if you're smoking, your baby is, too. What the risks are when somebody young gets pregnant: Sometimes you can't go full term or there are complications during delivery.

My weight was a surprise. I didn't look real heavy or pregnant, but when I got on the scale it just jumped right up. I had gained 38 pounds!

Each appointment the nurse would take my heartbeat, blood pressure and see if I had any questions. She explained what was happening with the fetus. She said a baby can hear you when it's seven months along.

Around the end of my pregnancy, the stretch marks came. They're red and look like rips in your skin. You think you can use cocoa butter or a cream from K Mart that says it gets rid of them. Forget it. Nothing works.

The baby was supposed to be born July 14th. It was a week late. I was laying there watching my TV game shows when the contractions started getting hard. I had tears in my eyes.

We all went to the hospital, and when we got there, they said, "You're not going to go for a while."

"Don't tell me that," I said. But then all of a sudden, the contractions were right on top of each other. Contractions are weird. You can't describe them. You think you're going to be prepared for them. You think of the worst pain, and it's worse. It's unbelievable.

But as soon as you see that baby, you forget them.

Rush, Rush, Rush

Misty's five months old now. I never thought it would be this hard. Everything is rush, rush, rush. I don't have any time for myself. And I love my sleep. I get up the first time at four in the morning.

Well, Misty wakes me up and wants to eat. I go to the kitchen, make a bottle, feed her and while I'm burping her, she falls back asleep. A couple of hours later, it's time to get up again.

We shower together. She gurgles the whole time. It's so cute. Then I wash her hair, dress her and put her in a chair while I get myself ready.

By then I have 10 minutes to get us out the door. I make three bottles, get five diapers, some bibs—she's teething. And an extra outfit—sometimes the poop comes out of her Pampers. I put everything in a diaper bag, run it to the car and come back for her. I throw on her snowsuit and hat, pick her up with a big blanket around her face and race her out to the car seat.

I bring her to school with me. There's day care. The pregnant girls and teen mothers help each other. We try to prepare the pregnant ones a little.

I tell them, "You have to do what's best for your baby

and not for you. Sometimes when I'm at my wits' end, my mom will watch her for a half hour so I can just go for a ride. Maybe you can do something like that, too.

Your life is all about your baby. The baby's like your right arm. Whatever you do, your baby's involved. When you're a mother, you have to plan everything. Like, if you can find that baby-sitter, great. If not, you have to sit home. You start getting used to that.

Welfare-to-Work

What's really a surprise, though, is how expensive a child is. I have WIC, a government program where you get some free baby formula, but not enough. You need other food, too. Then there're diapers—$50 a month.

The cheapest little outfit usually costs about 10 bucks. Of course, you need socks, and in the winter you need one-piece T-shirts. For three T-shirts, that's another $10.

Forget the days when welfare meant you could get your own apartment. Now all you hear is "stay with your family." If you get any welfare, there's a time limit. Here in Connecticut, it's two years. They talk about family, finishing school and welfare-to-work.

In our life skills class we talk about budgets. My monthly budget for clothing, food and housing is $2,900. That's the problem. I only make minimum wage, and so does Peter.

After school, I grab all the bottles, put everything in the diaper bag and bring Misty home. My mom watches her from two-thirty to seven o'clock when I work. I don't know how I'd do it without my mother.

Afterwards I come home, feed Misty her cereal, eat supper myself and play with her. I talk to her in weird voices. She looks me right in the eye, curls her little hand around my finger. We connect.

By 10 o'clock she's in bed. We share my room. I used to think it was big. Now it's filled with a changing table, my bed, her crib, my dresser, her dresser and toys.

When I finally stop, that's when I think most about Peter. A month ago, he went down to Texas to try to find better work.

I'm not used to having just myself. I'm used to Peter being around. Our friends say, "You guys are gonna last forever." We'd better! I don't know how single mothers make it.

WELFARE AS WE NO LONGER KNOW IT

Rachel L. Swarns, *The New York Times*, 7/5/98

IN THE 1960s the Federal welfare program was called Aid to Dependent Children. Criticized for discouraging marriage by supporting only single mothers, Federal officials began providing help to couples. While the vast majority of checks continued to flow to single women, the name became Aid to Families with Dependent Children.

Thirty years later, public disapproval of the welfare mother whose children rely on public assistance helped persuade Congress to change the rules and the name again. Temporary Assistance for Needy Families was born. At the state level, Texas created the Workforce Commission to oversee its welfare programs. Michigan dubbed its welfare agency the Family Independence Agency. And Utah started calling its offices "employment centers" and its welfare recipients "job seekers."

"Anyone Can Lie Down and Make Babies."

Jordan, 19 Years Old

Nowadays, lots of young teenagers, 13, 14 years old, want to live in the fast lane. Instead of taking care of business, they want pleasure. Well, partying leads to sex and sex can lead to pregnancy.

I know my lady was 14 when she had my daughter, Zoraida. I was 16. But I couldn't leave them.

That baby is my flesh and blood.

I was scared at first. Zoraida was so small. She'd be laying there, and then she was hungry. But so was I. When you become a father, you learn you have to put your own needs second. Without thinking, you've got to have your kid come first.

Being a good father means you have to be patient.

I want Zoraida to know that even if me and her mother were to have some changes, I'm here to watch her grow. My father wasn't around much when I was young. He still just comes and goes.

His relatives would tell on my mother. Her relatives would tell on my father. He'd go live at his sister's house. She would set him up with women, when she knew he was married to my mother.

Maybe it wasn't my father's fault. I blame him, though. He's supposed to be the man. He's supposed to know that he's got kids around the corner with nothing to eat. When my mother would ask him to help with money and stuff, he'd start a fight.

Not about Sex

This is what I watched growing up. Still, my mother raised me right. I never got in any trouble.

I get on my knees and pray every night. I try to stay around people doing positive things. I pick up the phone and call other young fathers. We keep in touch with one another, keep communicating.

Having a baby made me and my lady responsible. We learned that real life is not about sex. Anyone can lie down and make babies. Life and relationships are more than that. We learned that we've got to show our love and have goals that we're trying to get to.

We said, "We'll stick together and stick it out."

Six weeks ago, we learned another lesson. Sometimes in a relationship, right and wrong come at you at the same time. That doesn't mean you're going to fall down and crumble up. You learn to stay strong.

We lost our sweet two-month-old son. He was a healthy baby, weighed eight pounds and 10 ounces when he was born.

I was at work. I'm an engineer technician. My lady was at home. She woke up and went to check on the baby.

He wasn't breathing.

She gave him mouth-to-mouth to try to save him. Too late. It was a crib death.

We don't blame each other. We just try to be with each other. It's no one's fault. Doctors don't really know why it happens. I told my lady, "God wanted our little boy."

My whole family went to the funeral. I took Zoraida up to see her brother. She thought he was asleep. She's too young to understand. When she gets older, we'll tell her.

As far as my lady, she's going through a depression. She's strong but shy. If she lets out her emotions, she does it on her own.

I keep talking to other fathers. They're really there for me. I let out my pain when I get by myself. I cry.

"Someday I Might Get Married."

Alexsa, 15 Years Old

When I was two, my parents got separated. My mom moved me to Tijuana with her. She says, though, "You missed your dad so much—you were always sick."

We stayed there five years. Finally my mom decided to move back to L.A. with my dad because I couldn't live without him.

Now that I'm grown up, I see that my mom has been miserable because of Dad. She never left again; she would be hurting me. She tells me, "We'd have been much better off without your dad." And that makes me feel guilty. Looking back, I sometimes think she was right.

Too Young to Know

Today I have a child myself. I'm not with my 16-month-old daughter's father. I wasn't happy with him. I thought about my daughter, but I figured she's too young to know the difference between living with both parents or just one.

Although I'm worried about how she'll feel in the future, I don't want to have an emotional relationship with her father. Still, I don't want her to grow up without him.

Something else bothers me, too. Someday I might get married to a different man. How will my daughter feel about that? How will my new husband treat my daughter? Will they be able to get along? I wish I had answers instead of just questions.

SINGLE MOTHERHOOD: STEREOTYPES VS. STATISTICS

Margaret L. Usdansky, *The New York Times*, 2/11/96

THE VAST majority of women having children outside marriage are poor or working class and poorly educated. But they are also diverse: nearly 40 percent are non-Hispanic white and 54 percent are in their 20s.

Studies suggest that young adults increasingly view marriage as an ideal that is beyond their grasp. But contrary to popular opinion, unwed motherhood is often a transitory state. Four out of every 10 mothers whose first birth occurs out of wedlock marry within five years. And some unwed mothers are single only in the legal sense: one in four has a live-in relationship with a man, often, though not always, the child's father, which may encourage marriage later on.

Most young adults say a man who wants to marry should be able to support a family, a standard fewer men without a college degree can meet. Studies find that young women are less likely to marry in places where young employed men are scarce. Marriage is still highly valued, but people don't think it's a realistic possibility.

"I Was a Mad, Stupid Girl Who Wanted to Be Happy."

Written by
Gloria Perez, 18 Years Old
Argo Community High School, Summit, Illinois

I didn't even like him at first. I never thought I'd end up having a baby from him.

We met at a soccer game in our freshman year. He was on the team and I was the manager. The first words he said were, "Give me some water."

"No way," I said, "get it yourself." Then he told me his name, Raymundo, and we just started talking. Gloria-n-Raymundo? That combination didn't sound right to me. By this time in our conversation, I knew he liked me. And I also knew I didn't want him.

He walked me home. I really didn't want him to. I was just being nice. Anyway, his house was before mine. Instead, he kept walking and talking beside me. After that he walked me home every day.

By December four years ago, we'd gone out and broken up and gone out some more. We really didn't fight about anything. I would just find excuses to get rid of him—at least for a while. By the fall, though, we were talking about living together.

Cops Doing the Talking

I was 16. At that moment I was a mad, stupid girl who wanted to be happy and thought that was the way. Me and Ray had plans. Get married, have a nice house, maybe even a dog. All that would start after we both finished college.

My dad met Ray a couple of times, but he only said, "Well, it's your life, Gloria. What can I do about it?" My mom said, "He'll do nothing to help you in the future. Please stay." My grandparents lived with us and they thought we were seeing each other too much. Even then my grandfather would kick Ray out.

My mom told my dad she wanted to call the cops on me. He listened, then said, "Let her go. She'll see how real life is outside." After arguing a few more minutes, my mom went ahead and called them.

I didn't know anything about the laws. My main thought was, "Who's going to call in for me when I don't want to go to school?" My next thought was, "Run! I don't want to be riding in the back of some cop car."

Before I could move, the police got there and told me, "You leave and your mom makes a report—we can go look for you and take you to a jail for teens. You run again and we'll keep bringing you back until we get so sick of it we'll put you in a house for runaways." They didn't scare me.

My mom loves me. I know that now. I just didn't realize that when she had the cops doing the talking.

Sleep in My Own Bed

A week before Thanksgiving, my first Thanksgiving and Christmas without my parents, I started living with Ray and his family. I really missed my mom.

Money was tight. We fought about his family eating the food we bought. We didn't have enough money to wash clothes. Ray did it by hand. His parents would yell at us for staying out late. After a month, I wanted to sleep in my own bed by myself, but I didn't feel I could go back home.

Ray's parents had their own problems, too. His dad would hit his mom and I'd call the cops. Then one day his dad and Raymundo got in such a fight he started pushing our stuff into our car. We had no place to go and, of course, no money.

His mom told his dad, "They go, I'm going, too." So there we were, the three of us. We ended up at his aunt's house for a day or two. Then his dad gave us $300 and his mom had $800 with her. That was enough to rent an apartment together, which was okay, until his mom brought her boyfriend to live with us. Ray didn't like this guy at all.

I Told You So

So that was my life during the year before I became pregnant. Ray couldn't wait for our new life to start with the baby. His mom was happy, even though she didn't say much. His dad only talked when he needed something.

I didn't say anything to my mom about it. She's a proud person. When she makes a decision she sticks with it. It was hard going over to visit. Talking was even harder. In little ways she would say, "I told you so." It hurt to hear that, but she was right. When we were together, she would never cry. I could tell, though, inside, the tears were falling.

One day, when I was about two months pregnant, me and Ray's mom got into an argument. The fight made me nervous and I started to throw up. That scared him and made him mad. Twenty-four hours later we were back living with his dad.

Things got better, but life isn't always a bed of roses. My mom figured out I was pregnant. Still we never mentioned it until I was about seven months. "What kind of life can you give a baby?" she said. "Put it up for adoption."

"It isn't the baby's fault I messed up. My baby moves and I feel it. I can't give it up. Eighteen years from now, I don't want to be out looking for someone who could hate me." My dad just wished us good luck and good health. He loves me, but he always talked better with my half brother.

By the time I was eight months, once again we didn't have the rent money. Ray's dad said he had money in Mexico. "I'll go get it and be back in two weeks," he said.

"He's not coming back, Ray. I can tell," I said once we were alone.

"Think positive. Everything'll be all right."

Three weeks passed. When his dad hadn't returned, I thought, "I just want to die."

Her Rules Again

I swallowed my pride and begged my mom, could we stay with them?

"You can," she said, "but at night Ray sleeps in the car." It was December. Cold out.

"Let him stay inside, please."

"Only if he sneaks past your grandfather."

One day after all this sneaking, I had a long talk with my grandfather. Ray didn't have a job. He was looking, but for some places, of course, you need papers, a driver's license or state ID. He had none of those; he's not a U.S. citizen. Before my grandfather gave his approval, he made me listen to what he had to say.

This wasn't how I wanted it to be. The baby was almost due. We were living with my family. My mom tried to be helpful, but she couldn't handle me, my boyfriend and soon a new baby. She was working two jobs to take care of us, as well as my 15-year-old sister who always wanted name brands. "You left, you 'ho'," my sister would say. "It's not your house anymore."

So Innocent

On January 30th—one more push, and it's a boy! Cesar. The only thing that looks like me is his nose. He has his dad's facial expressions and chubby little cheeks. He looks so innocent. He doesn't know what he's got himself into.

He's not a crybaby. Even when he came out, he only cried for a minute. Now he only cries when he's sleepy or hungry. And since he has no worries, he always wakes up smiling. He makes me laugh. If I turn on the TV to Barney or the Smurfs, he sits there watching like he knows what's going on.

Around midnight, when me and Ray think Cesar is sleeping, we hear something. We turn on the light. There he is, on his back! It's the first time he rolled over. He starts crawling and can play all day. I have to watch everything he gets into.

Now fast forward. Cesar's one year old. Yes, he's the greatest thing that could have happened to me. He's the love of my life. But here's the truth, too. We've gone through so much—Ray losing the job he finally found and having to ask my mom and dad for money for things like milk and diapers.

My mom takes Cesar for a couple hours once in a while. This is progress since she didn't hold him at all the first month. My sister and me get along better. I try to explain life in the outside world, but she's not listening.

I'm a senior. My grades are okay. I hope to become a preschool teacher. I want to go to the community college, where I can drop off Cesar before my classes.

I'm not on welfare or food stamps, but I do have the medical card. As soon as I can get real insurance, I'll be on that. I hope I can teach Cesar to stay away from gangs and drugs the way I have. And I want to talk to him more about sex than my parents did with me.

After three years, me and Ray are still together. Even though we fight once in a while, he's always said he loved me since the beginning. I didn't believe him until things got bad and he was there for me. He wants to get married, but I'm unsure. I love him, but I don't know if that's right for me now. My mom still says we won't last, but I hope we will.

The best advice I can give other teen mothers is to stay in school, and work hard for yourself and your baby.

DADDY DEAREST: DO YOU REALLY MATTER?

Patricia Cohen, *The New York Times*, 7/11/98

MOST unmarried and divorced fathers disappear after the first years of their child's life. Whether rich or poor, married or unmarried, more than 40 percent of men who don't live with their children don't even mention they are fathers in national surveys.

[Studies now being made show] that [college-educated] fathers tend to spend more time with younger children than older ones, more time with boys than girls, more time playing than handling basic needs. Meanwhile, fathers in a lower socioeconomic class tend to spend more time with their children than other fathers do.

[Researchers] of poor, unmarried fathers in Philadelphia are finding that children may do more for fathers than the reverse: without them they might be dead or in jail. Other research hints that children prompt men to get better jobs and work in their communities, and even stay in better health.

"You Ain't Killing My Kid."

Gary,
17 Years Old

119

DELIA KEPT ALL THIS PRESSURE ON ME: *KISSIN' ME, COOKIN', PUSHIN' ME TO GET A JOB, SHOWIN' ME TOO MUCH LOVE.*

LAST WEEK I FOUND ANOTHER GIRL FRIEND. I TOLD DELIA I STILL CARE, I'LL HELP WITH THE BABY, BUT SHE WAS GETTING ON MY NERVES.

"GET OUT!" DELIA CRIED. "YOU'RE NOT DOING ANYTHING WITH YOUR LIFE! I NEED A BABY CARRIAGE!"

I'M SO CONFUSED. AND SCARED. I KEEP THINKING, "IF ONLY I HAD USED A CONDOM."

stan mack

Doris Stiles-Glazer, Psychologist
Family Therapist and Teacher of Parenting Classes,
Coral Gables, Florida

Your model for how you parent comes from your home. Unless you've hung around with other families and seen something different, what you're going to do with your own children is repeat what happened to you.

A good way to get more information on how to raise children is to take a course at a local high school. You can also talk to other parents, check for help at clinics and read books on the topic.

It's up to you to evaluate that information when it comes to your own baby. You want to make the best decisions to meet your baby's needs. And this includes understanding child development—how children change as they get older.

Let's look at some examples. Making sure that your children are safe includes taking them for medical examinations and getting them inoculations. It also includes things such as knowing that babies can't see danger. Never assume that even a two- or three-year-old can be left alone.

The parent's job is to provide safe limits. When children are too little to understand a dangerous situation, remove them from it. Put them in a playpen, or remove the dangerous object and replace it with a safe object.

When children are a bit older and they're doing something you don't want them to do, use a distraction. Focus their attention on something else.

You can put them behind a gate across the door of a room. You don't want to put them behind a solid, shut door. Children feel frightened by that. The object is not to scare your kids, but to set reasonable limits.

Time-Out

When children are about two, if they do something you don't like, you can start using what we call "time-out." Time-out is putting children in a place where they can still see you, but they have to sit for a brief period of time. The older the child, the longer the time-out. For a two-year-old, about a minute is plenty.

What you're trying to do is teach your children self-control and self-discipline. And you're trying to do this without hitting them. I'm for discipline, but real discipline doesn't involve hitting a child. Once you start hitting, they're going to expect to be hit.

Parenting is a tough job. It can be frustrating. People respond to that frustration in different ways. Most people say, "If I'm frustrated, I try to take time-out from the situation until I can collect myself. I try to exercise. I try to do things for myself away from the house. I try to seek information on how to solve my parenting problems."

But some people say, "I can't stand it anymore." They respond to that frustration by becoming withdrawn and depressed. When that happens, you neglect your children.

Big Warning Sign

There are warning signs that you may be neglecting your children. Your children complain a lot about physical problems. They have accidents. They don't sleep well. They look sad and withdrawn.

Sometimes people who have had abusive parents try to do the opposite of the family patterns. Because you don't want to repeat the abuse, you become neglectful parents. You don't know what else to do. If others are telling you that something's wrong with your children, that's a big warning sign of neglect. Listen to them and get help.

Some people respond to that frustration with aggression, and then you get physical abuse. You don't always know you're physically abusive to your children. You just think you're disciplining them. You say you beat them to teach them not to beat somebody else. You're trying to make them be good people.

Warning signs of physical abuse would be that you scream at your children. You shake them. You hit them. You leave them unattended when they are in danger. If you recognize these signs, you should get help.

Completely Inappropriate

With sexual abuse, you're dealing with something different. Sexual abuse is interacting with a child in a way that stimulates or arouses you or the child. It's completely inappropriate. It's usually an addictive behavior on the part of the person who's doing it. And it's repetitive. If you do it once, you're going to do it again.

People who are sexually abusive to children know they are. If you are a survivor of sexual abuse, without exception, you ought to talk to somebody about that. The biggest setup for somebody to become abusive is to have been abused and to have not resolved it. That goes for men and women.

Nobody is going to love your children more than you. And your children, when they're babies, need you to be at their side at all times. Until they can do for themselves, you're their eyes, their ears, their hands. Your children become the best people they can be—with your guidance.

"I'm There for My Kids."

Anthony, 22 Years Old

Oh, man, am I a father! There are three different mothers, three different kids, and one me. But I deal with it.

Along the way I've learned some stuff that, maybe, can help you, too. Let's deal first with when girls are pregnant. Some of them feel they're carrying all the burden. They get into moods. You're always hearing, "I'm fat. I'm ugly. I'm this. I'm that."

The pressure gets so much it's, like, pushing you away. That's when a lot of you begin to be sorry. You want to just lay the girls, make them pregnant and run out the door. I say, "Be a man. Stick it out." You've got to handle the frustration of their taking out their feelings on you.

Tell them, "I'm there for you, and that child." At times, though, it's never enough. They treat you like a worm inside a barrel of apples.

I've been there to see one of my babies born in the house. We couldn't make it to the hospital. The paramedic happened to be a reverend, too. He blessed my baby boy right there in the bedroom.

I've seen my two other babies, two girls, born in the hospitals. Whatever way it happens, I'm telling you, it is a shocker.

With one, the mother barely got through the emergency room doors and the baby came out. But with the very first one, I felt like the mother, Lisa, and I went through the whole thing—together.

I went to the washup outside the delivery room. I put on the blue surgical suit just like the doctors. They said she was going to have a C-section, a cesarean section. I could go behind the glass and see all they were doing, blood and everything.

They had her stretched out with her arms locked to the sides of the operating table. They had these machines and monitors on Lisa. I watched them open her up. I saw the birth. I saw this funny-looking, snakelike thing, the umbilical cord. I saw the afterbirth. When you see the baby, you can see right through, see the veins. I wondered, "How does the baby survive all that?" I got weak in the stomach. I fainted.

When I came to, I was lying in the bed next to Lisa in the recovery room. She'd gone through the operation, was cut open, sewed up and wheeled back out.

Kids Get Sick

At 15, I was a first-time father of a baby girl. Me and Lisa named her Dorian. I was so excited, I overheated. Everything, I figured, would be roses.

Another thing I learned is, good or bad, when you're a parent and it comes to your children, you've got to deal with it. Even if you're a perfect parent, kids get sick and hurt: asthma attacks, fevers, cuts, allergies, sore throats.

Once one of my kids was sick and we didn't know what was wrong. The mother, Kelly, said, "Maybe he has a cold or something. He's been in the house for two days."

We talked it over, and then we had to decide what to do. Finally I said, "He's going to the hospital."

So I'm coming in the hospital door and I'm in my T-shirt with my jacket wrapped around him. I walk straight into the emergency room. I don't even register. They start hassling me about documents for the baby. I keep saying, "But I'm his father. The mother is at her mother's house in Brooklyn with the papers."

The doctors are looking at me, looking at the baby. I hear one say something about child abuse. They want to call the police and I'm just trying to help my kid.

See, I didn't know until later that the baby had a 105.9° temperature, pneumonia and two ear infections. At the time, I didn't know it was such an emergency.

Interference

My parents are married for 27 years. I'm not doing that well, and sometimes I think it comes down to interference.

Maybe Lisa would have been my only girlfriend or wife if I'd put my foot down and said, "Listen. We can't afford this and that. Let's just be ourselves."

But Lisa's into her mother and her sisters. She was raised without her father. And because he was not there, she tends to shy away from men.

We started arguing. My parents let me run my life, but they do give advice. My parents say, "In any relationship, no matter how extreme the problem is, give yourself time. Put it aside. Go back to it. Talk about it. Work on it."

All I heard from Lisa was "A man's supposed to do this. A man's supposed to do that." I was living at home, working for my father. I was still in school. I was seeing her and Dorian every day.

I felt I was accomplishing. I also felt I was being used. And anytime a male feels that way, he's going to back up. "Enough is enough," I said to myself.

But then, I had to figure out how to keep seeing my baby, Dorian, with me and Lisa over. I knew it wasn't the materialistic things you give your children. It's the quality time you spend with them.

How could I talk to my child, play with her, share things that I'd like her to know? Lisa told me she had other plans. She wanted to take my daughter and go on about her business. I felt terrible. I wanted to be there for Dorian. "Okay," I said, "you want to be in your world. I want to be in my world. But Dorian has still got to be in the middle."

Mommy against Daddy

After Lisa, I got involved with Kelly. She already had a son before she had ours. I told her, "I'm with you now. You've got my kid. I'll try to take care of the whole thing."

I felt good knowing that I could go out every day, work and put food on the table. I didn't have to turn to my mother and father. It was all me. I was doing things for my son.

With him and my daughter, I started learning more about kids' tricks. Kids like to play Mommy against Daddy and Daddy against Mommy. Meanwhile, Mommy and Daddy are standing there, looking at each other, saying, "Why did you do that? Why didn't you tell me first?"

What I try to do is this. Say Dorian tells me, "Daddy, I want to go to the movies."

I ask her, "What does your mother say about that?"

"Oh, Mommy says it's okay," she says.

Then I tell her, "Sweetheart, I'm not saying no, I'm saying maybe. First let me double-check with your mother. If she says all right, we'll go."

What you learn is kids lie. Her mother had already told Dorian "no way" to the movies. If I didn't check first, if I went and got the tickets, Lisa and I would have been in another fight.

My advice is you and the children's mother should talk to each other before taking any action. I don't care if it's a single parent or both parents under the same roof, you have to keep communicating. And that link cannot be broken when it comes to your children.

Sure, it's tough to deal with not being there in your kids' life every day. When you are around, you have to be careful not to cause too much confusion or any misunderstanding between you and your children.

You have to keep letting them know that you love them. You want them to be with you anytime they're willing. They're always welcome. At the same time, you don't want to press yourself on them.

To me, it's like a chess game. One person has to move before the other one. And when that one person—your child—moves, you take the same step. You have to take your arguments with the mother and put them aside. Children need two parents to feed and clothe them. So any arguments between you two are not important to them.

A Backbone Man

So I've got Dorian on my mind and my little boy on my mind. And one day I'm coming home from work and I find Kelly in bed with her ex-boyfriend—with my son there.

I lost my mind. I broke up stuff. The police came and

at first arrested me for disorderly conduct. Lisa used that as an excuse to say I couldn't see Dorian, but I'd better keep sending a monthly support check. If I didn't, she'd take me to court.

I decided Kelly wasn't any better than Lisa. I moved out.

When I was 20, my grandfather died. He was a deep down man, a backbone man. Whatever he did with work, first he made sure everybody at his home was all right. I decided I wanted to be that way, too.

I made a commitment to Lucy. We had a baby, a daughter, Tracy.

My favorite thing is to get all my kids together. The other day, my two oldest started climbing on me, play-wrestling. I played until my back got stiff. I tell them they're sisters and brothers. Saying they're half only confuses them.

As your kids grow up, you've got to confront them. If you want them to have sense, talk to them like adults. My one-year-old, Tracy, can sit in front of the TV and remember a song off a commercial. That tells me she's ready to hear some about life and reality. Lucy found a young fathers' program for me. I was ready to go. I opened up as soon as I started.

I only wondered why there aren't more programs. The ladies have their educational classes, their parenting classes. What young fathers have are people telling us, "You're not going to make it." That makes the young fathers I know fight even more to do better.

We all need help to make ourselves good role models for our kids. I've learned that a man can help make a baby, and a woman can have a baby. But a man and a woman can take care of children equally well.

TEEN SEX AND PREGNANCY

Facts in Brief, The Alan Guttmacher Institute, 7/96

THIRTEEN PERCENT of all U.S. births are to teens. Eighty-five percent of teen pregnancies are unplanned, accounting for about 1/4 of all accidental pregnancies yearly. Twenty-five percent of teenage mothers have a second child within two years of their first.

CONTRARY MESSAGE ON TEENAGE PREGNANCY

Richard T. Cooper, *The Los Angeles Times*, 5/24/97

TEENAGERS do not have problems because they have babies; they have babies because they have problems. Child-bearing is a symptom, not a cause. Instead of crusading against the symptoms, society should be working on the underlying causes—such things as poverty, dysfunctional families, physical and sexual abuse of young girls, poor school performance and behavioral problems.

"I'm Beating the Odds."

Yveline, 21 Years Old

I didn't know I was pregnant. I kept having my period. Normally I would have it for five days. That May, the year my sister got her first communion, I only bled for two days.

I thought, "As long as I'm bleeding, I'm fine."

Anyway, my mother had once told me, "Babies are dropped from the sky and fall into your stomach. After you get married, you're ready to have a baby. God decides when."

I wasn't married. I couldn't get pregnant. But I was, and I was only 11.

Poking at My Body

One morning I came out of the shower and my mom said, "What's that?!" I had a line from my belly button to my breasts. Next thing I knew, it was, "Put on your clothes. You're going to the doctor!"

There were five doctors in the hospital room. They kept poking at my body until it hurt. One doctor said, "I'm sure it didn't hurt when you opened your legs."

Another doctor, a lady, took me in her office and started showing me books about people giving birth. "Do you know about this?" she asked me.

I didn't.

She told me what abortion was. What adoption was. What having a baby was like.

After I left her office, she asked my mother to go in. They were together for maybe five minutes. When my mother came out, I could see smoke pouring out of her ears. She slapped me and said, "We're going home."

"You need to return tomorrow," the doctor said as we walked to the elevator.

We went back for the results of the urine and blood tests. I was almost five months pregnant. "What do you want to do?" the doctor asked my mother.

"I want her to have an abortion."

"We can't do it. It would be risky. Your daughter's too young and too many weeks pregnant. She waited too long."

"I don't care!" my mother screamed. "Nothing's going to happen to her. She'll be fine."

The doctor refused.

See, my mother was ill at that time. She was going to the hospital a lot. I think it was even causing some mental problems. At that time, she lost her job, lost the house to the bank, lost everything.

Crybaby

The next thing I knew, a social worker came to the house. They took me and my sister to family court. The judge asked, "Did I want to go home?"

"No," I said, "I'm scared of my mother." She was very upset with me. I thought she might beat me.

The court sent me to a shelter for unwed mothers. Of the 12 of us there, I was the youngest. The other girls called me Crybaby. I was depressed about everything.

I didn't like the changes in my body. I felt heavy, fat, like I couldn't move. We had mandatory exercise classes. Lamaze-method childbirth classes. Breathing classes. I was told if I didn't do them, giving birth would be painful. Sometimes, though, I wasn't in the mood.

We had chores to do, too. We took turns cooking. The food was delicious. After that first month, things got better. One of the workers would stick up for me. I could come to her office and talk whenever I wanted.

There was a regular school just for us. We'd go every day. I wanted to keep up in those classes. I always had ambition. I was in seventh grade.

I was strongly thinking about adoption. The social workers were pushing it. They didn't come out and say, "We think you should give up your child." But I could tell that's what they thought. I was getting scared of childbirth. I heard women talk about Eve in the Bible and how this was punishment from God. "Labor is the most painful thing that can happen to a woman," they'd say.

I never heard anyone say raising a child is more difficult and painful than having a baby.

Secret Life

I was 12 when I had my daughter. I named her Katherine. At first, I didn't want to see her. I was going to give her up for adoption. Then I told the social worker, "I need more time."

They made arrangements for me and Katherine to go into foster care. The problem was they couldn't find anyone who would take us together. She went one place; I went another.

Where I went there were other foster kids, an adopted one, and even grandchildren all in this one home. My first month I didn't talk to anyone. I turned on the soaps, lay around and ate.

The second month I started talking, especially to JayJay, a foster child who was now grown up. He told me, "People are going to put papers in front of you to sign away your child. Take time to think or you'll regret it."

The social worker kept coming by. Sometimes I didn't even know what she was talking about. I was in another world. She wanted me to go into therapy. I said, "School will be my therapy."

In March, I went back to seventh grade. There were only a couple of people that knew I was a mother. That was okay. I always thought everybody had a secret life. This was mine.

One Saturday my foster nephew said there was a man at the door. It was my father. I hadn't spoken to him since I had my daughter. I was scared and happy and confused to see him. Once I told him what was going on, he said, "Of course, I don't hate you."

That same day, I called the social worker and told her, "Throw the adoption papers away. I'm keeping my daughter." I still cry with happiness when I think about that decision.

The social worker started telling me about shelters they had for teenage mothers and their children. The problem was I was 13, and back then you had to be 14 to get in. Plus they had to have room.

When Katherine was almost a year old, I began to visit her every weekend. I had no idea how to be a mother. I hadn't seen her the whole time. All I had was her picture to carry in my wallet.

The day before my 14th birthday, Katherine and I were reunited. We moved into the New York Foundling Mother and Child Program in the Bronx. It was like a house where there were mothers, their children and a housemother.

The others had been with their children since giving birth. I didn't even know what to say to Katherine. And she was really quiet. I didn't blame her. She was two. She went from her foster home straight to me.

Finally, I said, "I have to start being a mother. I'll figure out how the system works and take advantage of everything that's available to teenage moms."

Learn from Other People

You can learn from other people. To do that you build a network. This network is made up of other teenage parents. You want to know what they've found out. What help are they getting? Do they go to parenting classes? Do they have free medical care? Do they know where to buy discount kids' clothes? Whatever. And the next question is, Where did they go to get that help?

Then you decide what you need and go do the same.

You also want to build relationships with some trusted adults—social workers, a therapist, somebody like that. Why? Because they know things. If you show them you mean business, they'll help. But you can't just say, "Please, help me," and sit back and wait. You have to be optimistic and figure out what you want.

Maybe these adults don't have all the information you want right away, but they know how to get it. And if they don't know, they can find out.

For example, one time I found out that my school had a work-study program: work one week, school one week. I wanted to know how to get in to that program, and if I did get in, could I save everything I earned? I wanted that money to go toward an apartment, and I wanted to find a cheap apartment as soon as possible.

In Three Years

See, I had this image of where I wanted to be in three years. I needed to find out, How do I get there? What does the city have to offer to help me get there? What is available to me before I turn 18? What is available after that?

Cassandra, a social worker, helped me a lot. I was lucky. Sometimes, though, the first person you ask won't pay much attention. Go to a second person or a third.

You have to do your own footwork, too. Double-check what they tell you. Sure, you get frustrated. But there's always someone who'll help you. By getting help, you end up helping your child. That's what this is about: being a good parent.

You have to make your children your priority. You have to be willing to sacrifice for them without being all droopy.

I'm not going to lie to you. I was not a totally boring teenager. I still went out. I still had sex. But, at the same time, I graduated from high school with flying colors. After four years at the Foundling, I finally moved into my own apartment in public housing.

Katherine was six and I had just turned 18. I knew I was starting college that fall. It would be hard. So that summer I was wild. Mind you, I still took care of business. My rule was, unless I was confident my daughter was fine, I wouldn't party.

I worked full-time Monday through Friday 8:30 A.M. to 4:30 P.M. But every Friday night, Saturday night and Sunday night that summer I went out. I went to clubs. I loved reggae music. I liked to talk to guys with nice cars. Come Monday, I was a zombie.

And then it was September. I became a college student.

I'm 21 now and a senior at Hunter College in New York City. I'm in a scholarship program. I have two part-time jobs, one at Citibank Tax Shelter and the other at Payne-Whitney Psychiatric Center. I plan to go to graduate school and, maybe, do research about AIDS among teenagers.

Katherine and I have a great relationship—more like sisters. I tell her, "Sure, we have a wonderful life together. But motherhood is hard." Where we live, we see moms on drugs using their babies to beg for money. Katherine and I talk about things like that, too.

Such a Challenge

I remind her, I never got pregnant a second time. There was no man, no love strong enough to make me have another child as a teenager.

I even tell her there are moments when I wonder what my life would have been like if I hadn't had her. "It's not like I regret having you," I say. "It's just that I never was a teenager. It must be fun." But my Katherine is my life. I love watching her grow up.

I felt such satisfaction when she took her first step. I was so proud when she brought home her first 100 from school.

I thought, "Hey, I'm doing this right. I'm beating the odds against teen mothers." I put a lot into being a good parent, but what I'm getting back is even greater. It keeps me moving. It's such a challenge.

I'm mushy with my daughter. I hug her a lot. I love to tell her I love her. I just feel all her love in return. There's nothing else in the world quite like it, the love between a mother and child.

PART VII

KIDS

TALKING ABOUT
THE END OF THiS BOOK
AND THE BEGiNNiNG OF
YOUR **NEXT STEP**

"Statistics Are Not the Only Predictors of the Future"

On these pages you read other teenagers' stories. For those working on a research paper, I hope you found the information beneficial.

For those involved in a pregnancy or parenting, I'm glad you took this step toward making life decisions. Each of you writes your own story. You may have an uphill battle, but remember, statistics are not the only predictors of the future. You are special and unique. Keep making the choice to involve as many wise and trusted people, and as many good resources as possible, in helping you.

Below is a list of toll-free telephone numbers related to these issues. In some cases, you'll first hear a machine. In other cases, you'll hear a series of commands about pushing number one for details about employment, pushing two for details about education, and so on.

Be patient. That's part of life, too.

Childhelp
  USA's National Child Abuse Hotline   800-422-4453

GED Hotline   800-626-9433

Growing Up Healthy Hotline   800-522-5006

National Abortion Federation   800-772-9100

National AIDS Hotline   800-342-2473

National AIDS Hotline (Spanish)   800-344-7432

National Child Welfare Resource Center   800-435-7543

National Clearinghouse on Family
  Support & Children's Mental Health   800-628-1696

National Drug & Alcohol
  Treatment Referral Routing Service   800-662-4357

National Life Center Hotline/
  Pregnancy Hotline   800-848-5683

National Sexually Transmitted
  Diseases Hotline   800-232-2579

National Welfare-to-Work Institute   800-232-2579

National Youth Crisis Hotline   800-448-4663

Twenty Years of Change

To Media Specialists,
Teachers and Other Interested Adults

I remember in the summer of 1978 going to the first-ever teen conference on sex and pregnancy among adolescents. It was held in Atlanta and 3,500 kids showed up along with adults involved in the issue.

"Sex is natural to being human and part of being born human," an adult speaker said to the audience. "There's another part, though—your mind. You must make choices.

"Ask yourself, 'What kind of a sexual person do I want to be? How will I know I'm ready to accept the responsibility of actual physical, sexual intercourse?'

"Decisions about sex are no different from any other important life decisions. They demand your best thinking and your highest morality."

Those words were applauded, but the fact remained: Sex is often initiated on a hormonal impulse. The result?

One million mainly unmarried teenagers became pregnant that year and the next and the next. Today, the hard numbers are about the same.

Parents' Advice

Then and now teen females are romantics. They want to be swept up in the arms of Prince Charming, get married and have a family. More than half of them plan on working outside the home, too.

Then and now, the majority of teens, male and female, say they value their parents' advice. They remind me that adolescence may be years of separation "but not, like, total abandonment," as one girl put it. They want to be close to their families. They want specific advice on the opposite sex, dating, sexually transmitted diseases and how to say no.

When those conversations take place, the teen offspring are more likely to value their virginity, have fewer partners in general and use contraceptives. When those conversations don't occur, kids turn to each other and/or their schools to fill the void. And according to the Sexuality Information and Education Council of the United States (SEICUS) fewer than 10 percent of American students receive a comprehensive sex education.

Just-the-Facts/Just-Say-No

Six hundred and seventeen high schools now have school-based clinics. Twenty years ago there were only a handful. However, in many schools the clinics provide little education and are not allowed to give out any form of birth control, condoms included.

Meanwhile, the number of family planning clinics has gone down. And it still takes a confidant, together kid to call a clinic, make an appointment and show up. If they call saying they're pregnant, they receive attention. If they're asking about birth control information, the attention is limited.

Twenty years ago HIV-AIDS had not been identified. Now I meet young people who have seen friends and family members living with it and dying from it. For this reason, among others, there's an increased condom use for many in the current sexually active adolescent population.

In fact, contraceptive use is way up. I came across a study that said only 11 percent of teens used condoms in 1980. Now it's 44 percent. And city teenagers are increasingly turning to the effective Depo-Provera injections or Norplant.

Other adolescents are simply choosing not to have sex. The just-the-facts philosophy meets the just-say-no approach. From what I hear, today among some teens it's okay and even cool to be a self-proclaimed virgin. Students frequently tell me they want books written on abstinence to support the choice they're making.

Teenagers have been influenced by the pro-choice /pro-life battle. They wrestle more with their consciences than they did before. Although I recorded stories in the past where teenagers talked of dodging yelling demonstrators at abortion providers, the level of violence and media attention has escalated over the intervening years.

Because of changes in the laws restricting abortion and a decrease of providers, it is harder for adolescents to have this procedure than in the past. Simultaneously, though, I find the number of theoretical pro-life teens has increased. However, similar to women of all ages, when it turns into a real-life decision, young adults have been known to change their minds.

Recently with adoption, birth fathers have gained more rights, as have a few highly publicized birth mothers in reclaiming their children. And foreign adoptions especially from Korea, China and Eastern Europe have increased. Foster care remains an often troubling and troubled solution to a whole series of human problems.

A Childhood Taken Away

Because I also have written on sexual abuse and sexual assault, over the years I kept hearing about older boyfriends, false promises, pressured sex, sexual abuse at home. Today studies reveal that these male partners weren't teens themselves. They were men 20 and older impregnating girls. Also girls who have been sexually abused are more likely to be sexually active and have children at younger ages.

In *Kids Having Kids* I wondered in print, Does the pregnancy cause the problems or the problems cause the pregnancy? And does the same cause and effect hold true with parenting? Today that is how the discussion is frequently framed.

Then as now, a childhood is taken away when a youngster becomes a parent. They have so many problems going into it, those who overcome this incredible challenge should receive much deserved praise. And praise should go to their families, too. Regardless of age, parenting is not a solo operation. The ones I see who often soar are those with the best network of emotional and practical support.

The number of programs, organizations and outreach aimed at teen mothers has increased over the years. What I've never understood, however, is why fathers—teen and older—have been so overlooked. There's almost no scientific data to back up why and how dads actually matter. And unless we can accurately ascertain that information, how can we try to fill the gap when he isn't there?

It's taken until the 21st century for researchers to study and map the role of the father in today's family.

One in Three Children

At present one in four children six and under is growing up in poverty. I fear that because the role of the federal government has been reduced in terms of financial assistance to the children from impoverished families, we could soon be looking at one in three.

For better or worse, the safety net has been pulled from under many young moms. Do teenagers now say to themselves, I can't afford to have unprotected sex and risk the possibility of an unplanned pregnancy? I won't become a parent until I am financially secure? My instincts tell me that's not the case.

Success Stories

I have never learned officially that one of my books has been censored or banned. It's always after the fact. I'll come across something on the Internet, a friend will send me a newspaper clip, a librarian will mention in passing she was told not to shelve that particular title. Equally upsetting, a publisher will explain that certain salespeople won't handle books on some of the topics I cover.

If this ever happens in your area, please let me know. I'd welcome the opportunity to meet with members of your student body and/or the community to discuss why this has taken place.

I'm proud of the work I do. The letters from readers let me know in vivid and moving detail how vital it is. The stories, they tell me, touch their lives, help them overcome their sense of isolation and offer them a starting point from which to look for solutions. I also hear from kids for whom parenting has turned their lives around, focusing them, giving them a greater purpose to achieve.

Last summer it made my day to meet a 21-year-old man whose then-teen mom had let me interview her for the original *Kids Having Kids*. The two of them together make up one of the many stories that start out on the pages of my books as problems to overcome and end up as remarkable successes.

For those who have bought this book and encouraged teachers to use it in their classrooms, I thank you. For those who've placed it in the hands of your students, I thank you. And for those who've had to defend that choice, I thank you again. My work would exist in a vacuum if not for you. May we continue to help each other and the teenagers in our lives. They are our future.

Kay Franey, Life Skills Teacher
Severn School, Severna Park, Maryland

I put on a tape of a colicky, crying baby and say to the students, "Write a letter to your parents telling them you're pregnant or you've gotten a girl pregnant."

Sometimes I hear, "Turn off that terrible tape!" Other times I hear, "Girls at this school don't get pregnant." It's the fantasy under which they operate. In reality, in our community, abortion is often the option of choice.

But soon one student, then another will start talking about personal life experiences: a friend from middle school who had a baby at 16; another who opted for adoption. The class discussions go from there.

As the teacher, I don't give my opinion. Instead I tell them that in our culture their generation is bombarded with sexual messages—minus the consequences. This is a tremendous disservice to them. They are part of our world and should have conversations about causes and effects. I'm there to answer questions and offer information.

While doing that, I try to cover what I see as the five dimensions of their lives: mental, spiritual, physical, emotional and social.

Options and Consequences

In presenting pregnancy, I get the conversations going with these kinds of questions:

- If you choose to be abstinent, who would support you?
- If you choose to be sexually active, what are some over the-counter and prescription birth control products?
- What does each cost?
- What impact do you think alcohol and drugs have on the use of birth control?
- Why do some teenagers choose not to use birth control?
- What are sexually transmitted diseases (STDs) and what are the chances of contracting them?
- What is the relationship between STDs and infertility?
- What do you know about HIV-AIDS?
- If there's a pregnancy, what are your options?
- What are the (mental, spiritual, physical, emotional, social) consequences of each option for you and your family?
- What medical attention does each option involve?
- What are the financial ramifications?
- What do you see as your financial responsibility?
- What are the laws?

Of course, this is not a one-time discussion. Ideally it should be part of the student's scheduled, ongoing classes.

MORE READING

Unless noted, these are young adult books.

Arthur, Shirley. *Surviving Teen Pregnancy: Your Choices, Dreams, and Decisions,* revised edition. Buena Park, CA: Morning Glory Press, 1996.

Ayer, Eleanor H. *Everything You Need to Know about Teen Fatherhood,* revised edition. New York: Rosen Publishing Group, 1995.

Berlfein, Judy. *Teen Pregnancy.* San Diego, CA: Lucent Books, 1992.

Gartner, Richard. *Sexual Betrayal of Boys. Aftermath and Treatment as Men.* New York: Guilford Press, forthcoming. (Adult)

Gravelle, Karen, and Leslie Peterson. *Teenage Fathers.* Englewood Cliffs, NJ: J. Messner, 1992.

Jakobson, Cathryn. *Think about Teen Pregnancy.* New York: Walker, 1993.

Jamiolkowski, Raymond M. *A Baby Doesn't Make the Man: Alternative Sources of Power and Manhood for Young Men.* New York: Rosen Publishing Group, 1997.

Lang, Paul C., and Susan S. Lang. *Teen Fathers.* New York: Franklin Watts, 1995.

Lindsay, Jeanne Warren, and Jean Brunelli. *Your Pregnancy and Newborn Journey: How to Take Care of Yourself and Your Newborn If You're a Pregnant Teen.* Buena Park, CA: Morning Glory Press, 1994.

Luker, Kristin. *Dubious Conceptions: The Politics of Teenage Pregnancy.* Cambridge, MA: Harvard University Press, 1996. (Adult)

Mucciolo, Gary. *Everything You Need to Know about Birth Control.* New York: Rosen Publishing Group, 1996.

Orenstein, Peggy. *School Girls. Young Women, Self-Esteem, and the Confidence Gap.* New York: Doubleday, 1994. (Adult)

WITH THANKS

Many thanks to my extended family and support team: My partner, Stan Mack; my sisters, Barbara and Carolyn; and the rest, Kenny, Peter, Stephanie, Kerri, Frieda and Ernie; as well as Joanne Althoff, Phyllis Cadle, Lucy Cefalu, Bridget Funk, Jane Goldberg, Ted and Harriet Gottfried, Carole Mayedo, Rosemarie and Marvin Mazor, Betty Medsger, Mike Sexton, Deborah Udin and the now (widely) dispersed Third Thursday Group, including Mary Kay Blakely, Andrea Boroff Eagan, Kathryn Kilgore, and Jane O'Reilly.

Linda Johnson, Counselor, Sam Yeto High School, Fairfield, CA, encouraged students to contribute essays for this edition. Joy McKay, Language Arts Teacher, Argo Community High School, Summit, IL, worked with her students to write and rewrite their life stories for use in this book. Thanks to those remarkable teenagers and to you adults for your help and long distance encouragement for my projects.

Invaluable assistance was also provided by the following people: Kathy Ebel, Lisa Stump and my editor, E. Russell Primm; plus Gail Barraco, Media Specialist, Groton Middle/High School, Groton, NY; Marianne Gregory, Art Teacher, and Ed Markarian, Language Arts Teacher, Franklin High School, Los Angeles, CA; Dixie Hewitt, Media Specialist, San Saba High School, San Saba, TX; Kathleen O'Donnel, NYPL-CLASP, and

Larry Williams, Media Specialist, Public Library-Inwood, NY; Ellen Rubin, Media Specialist, Wallkill Senior High School, Wallkill, NY; Bonnie Wojnowski, Media Specialist, Candor Middle/High School, Candor, NY.

These sources were of great help on the 1992 edition:
Andrea Rose Askowitz and Veena Cabreros-Sud, SOS, NY, NY; Maria Delgado, Marie Jean, and Yoli Rojas, NYC Department of Health, Bureau of School Children and Adolescent Health, City Volunteer Corps, NY, NY; Martha Kuss, Media Specialist, Crawford High School, San Diego, CA; Amy Miller, M.D., Director, Chemically Abusing Problem Adolescence Program, Trinity House of St. Luke's-Roosevelt Hospital, NY, NY; Lynn Paltrow, American Civil Liberties Union/Reproductive Freedom Project, NY, NY; Tamar Raphael, Feminist Majority, Arlington, VA; Ellen Ramsay, Media Specialist, Amphitheater High School, Tucson, AZ; Susan Tew, The Alan Guttmacher Institute, NY, NY; Cynthia Wilson, Office of Adolescent Parenting Program, LYFE, NY, NY.

And thank you to the teenagers who shared their stories. This book wouldn't have been possible without you.

At-home pregnancy test, 44
Attorneys, 83, 85

Baby care, 121–124
Being there, for children, 125–130
Birth control, 21–25, 143
Birth defects, 94–95
Birth fathers, 96, 144–145
   and adoption, 65-66, 144–145
Blighted ovum, 52
Book banning, 7–8
Breast cancer, 23
Budgets, 37, 105

Caesarean (C) section birth, 36, 126
Cell division, 52
Cervical cancer, 23, 27
Child abuse, 19, 96–100
Child development, 121–124
Child neglect, 122–123
Child raising, 121–124
Chlamydia, 27, 33
Clinics, 55–56
Communication, 129
Condoms, 14, 144
Contraceptive use, 144
Counseling, 31
Crack addiction, 66

Crack babies, 94–95
Crib death, 108
Criminalization of abortion, 51

D & C procedure, 52
Decision-making, 25–26
Depo-Provera injection, 144
Depression, 123
Diabetes, 32, 66
Diapers, 105
Doctors, 23–24
Door, The, 38–41
Drugs, 31, 94–95
   dealing, 39–40
   effect on fetus, 66, 94–95
Duck-walk, 32

Ectopic pregnancy, 27, 83
800 telephone numbers, 141
Episiotomy stitches, 71
Expenses, 105

Family Independence Agency, 106
Family planning clinics, 143–144
Fast foods, avoidance of, 32
Fathers, teenaged, 38–41. *See also* Birth fathers

Who's Who

Janet Bode's titles, including *Beating the Odds, Voices of Rape,* and *Heartbreak and Roses,* have received numerous best-book awards from such groups as the American Library Association, the International Reading Association and the National Council for Social Studies. *Different Worlds: Interracial and Cross-Cultural Dating,* which inspired a CBS-TV Schoolbreak Special, was a finalist for the NAACP Humanitas Award and a nominee for four daytime Emmies. *The Oprah Winfrey Show, Larry King Live* and *20/20* are just a few of the programs on which Bode has appeared to discuss today's issues.

Reporter/cartoonist **Stan Mack** has written and illustrated more than 15 children's books, contributed regularly to such publications as *The New York Times, Natural History Magazine* and *Print,* and created weekly strips for the *Village Voice* and *Adweek* magazine. His latest book-length titles are: *Stan Mack's Real Life American Revolution* and *The Story of the Jews: A 4,000 Year Adventure.*

Ida Marx Blue Spruce is a cartoonist/illustrator whose work has appeared in a variety of publications, among them *The New Yorker, The New Asian Times, Fantagraphics* and the books *Mind Riot: Coming of Age in Comix* and *Voices of Rape* (revised edition).

11065 8943

Le réveil de l'Islam

Roger Du Pasquier

Le réveil
de l'Islam

cerf
fides

Introduction

En un temps qui semble celui du déclin des religions, l'islam manifeste une vitalité surprenante pour nos mentalités d'Occidentaux modernes. Cette vigueur retrouvée d'une religion révélée il y a quatorze siècles apparaît, parfois avec fracas, dans l'ensemble des pays musulmans et même au-delà : on assiste à des vagues de conversions en Afrique et en Asie ; d'importantes communautés islamiques sont désormais établies en Europe et en Amérique où il n'est pas exceptionnel qu'elles fassent également des convertis.

Il arrive, par exemple en Iran ou au Liban, que l'islam apparaisse comme une force révolutionnaire. Pourtant, dans beaucoup d'autres cas que l'actualité ne met pas en relief, il représente un gage considérable d'équilibre et de stabilité politique et sociale. A des populations livrées à la pauvreté et à toutes les vicissitudes de la malice des temps, c'est lui seul qui procure la capacité d'accepter l'adversité et empêche la vie de perdre tout son sens. Dans des régions où on pouvait le croire très affaibli sinon en voie de disparition sous l'effet de régimes hostiles comme celui de l'URSS, il fait sentir sa présence indéracinable et réaffirme son emprise sur les peuples au point de causer de graves préoccupations aux autorités.

Mais en même temps qu'il donne tant de
preuves d'une robustesse renouvelée, le monde
musulman étale ses divisions, ses turbulences et
ses faiblesses. Plusieurs des pays qui le composent
se font la guerre (Iran-Irak, affaire du Sahara
occidental) ou sont engagés dans des conflits
ruineux avec un adversaire extérieur (Palestine,
Afghanistan). Exposés aux intrigues et pressions
des grandes puissances mondiales, la plupart
trouvent difficilement leur place dans la communauté internationale et semblent mal adaptés à un
monde façonné par l'Occident.

Néanmoins on ne saurait parler, sur le plan plus
spécifiquement religieux, de phénomène de
«désislamisation» comparable à la déchristianisa-
tion évidente dans tant de pays occidentaux.
Malgré une certaine baisse de la pratique dans les
classes bourgeoises modernisées, la foi semble
toujours généralement ancrée dans les
consciences et l'athéisme déclaré demeure tout à
fait exceptionnel. Particulièrement le vendredi,
jour de la grande prière commune, le visiteur
étranger verra que les mosquées sont pleines et
débordent dans les rues et places avoisinantes;
d'ailleurs dans tout le domaine de l'Islam, des
Philippines au Maroc, il s'en construit constamment de nouvelles. Autre constatation des plus
significatives, le jeûne du ramadan est toujours
respecté, sinon intégralement, du moins très
largement. Pour qui se rend compte de l'effort de
maîtrise de soi accompli par tant de millions de
gens en cette période de privation, il y a de quoi
établir de suggestives comparaisons avec la mentalité moderne et son laxisme généralisé.

Au regard de tels faits, le «réveil islamique»
apparaît comme une réalité religieuse incontestable. Pourtant, devant les allures désordonnées
qu'il lui arrive de prendre, devant le branle-bas
révolutionnaire dont il s'accompagne dans cer-

tains pays, il est légitime de se poser la question : s'agit-il toujours d'un islam authentique et traditionnel, ou ne se trouve-t-on pas parfois en présence d'altérations ou contrefaçons au service d'intérêts politiques étrangers aux principes fondamentaux de cette religion qui est celle de la soumission à Dieu ? Le présent ouvrage ne prétend pas donner de réponse péremptoire à une telle question, mais cherche plutôt à signaler qu'elle peut se poser face à maints événements couramment regardés comme manifestations de son renouveau.

Suivant l'usage généralement en vigueur dans l'édition française, on a orthographié «Islam» lorsque le terme revêt un sens surtout historique et géographique, et «islam» lorsqu'il s'agit de la religion comme telle. Dans les cas limites, la préférence a été donnée à la minuscule initiale.

I

L'islam et la
Révélation universelle

Comprendre la situation de l'islam dans le monde d'aujourd'hui exige la connaissance préalable d'un minimum de notions sur ce qu'il est lui-même, non pas aux yeux d'observateurs de l'extérieur, mais vu dans sa propre perspective. Il importe notamment de savoir quelle place et quelle fonction il s'attribue dans l'histoire universelle et par rapport aux Révélations qui l'ont précédé. Fondamental à cet égard est le fait qu'il ne s'est jamais présenté comme une religion nouvelle mais comme la religion de toujours rappelée aux hommes dans la forme la plus apte à leur permettre de traverser sans se perdre la phase ultime du cycle cosmique, lequel, ainsi que le professent toutes les traditions sacrées, doit aboutir à la «fin des temps».

Dernière religion révélée, l'islam a conscience d'être retour à la «religion primordiale», celle qui se fonde sur la doctrine de l'Unité, source de toute vérité, et qui, par la soumission (*islâm*) au Dieu unique (*Allâh*), ouvre à l'homme la voie du retour à lui. Et dès lors que toute religion vraie ne saurait être que conformité au vouloir du Ciel, ou de l'Absolu divin, chacune est aussi, à sa manière, *islâm* au sens le plus général du terme. Effectivement les musulmans respectent en principe les diverses religions traditionnelles se réclamant de précédents messagers du Ciel, mais ils gardent la ferme conviction que la leur est préférable à toute autre. Envisagé sous cet angle, l'islam prend un caractère récapitulatif: il est synthèse et conclusion de la Révélation universelle dont il constitue l'expression parachevée et ultime.

Tout au long de son histoire et jusqu'à l'heure actuelle, l'islam a fait preuve d'un remarquable pouvoir d'attraction et de synthèse, gagnant des adhérents pratiquement parmi tous les groupes constituant la famille humaine et intégrant à sa tradition spécifique les éléments les plus divers des civilisations antérieures dans la mesure de leur conformité avec ses propres principes. Il est certes incomparablement plus que la simple « religion du désert » aux dimensions de laquelle prétendaient le réduire des Marx ou des Renan. Au contraire, il ne cesse de démontrer depuis quatorze siècles que sa vocation est réellement universelle.

Le Coran, Livre saint que tous les musulmans regardent comme la Parole de Dieu révélée au prophète Muhammad, affirme hautement l'unité du genre humain ainsi que l'universalité de la Révélation. Aucune nation n'en a été tenue à l'écart et « un prophète a été envoyé à chaque communauté » (Cor. X, 47). Depuis Adam, toutes ont reçu un message du Ciel, mais elles y ont été infidèles, en ont oublié ou altéré le sens et ont persécuté les prophètes qui en étaient porteurs. L'islam, qui est « rappel » de la Vérité intemporelle, a été révélé pour confirmer ces précédents messages et, en tant qu'expression de la Miséricorde divine (*ar-rahma*), il convie tous les hommes à suivre la voie de salut la mieux adaptée aux conditions du cycle déclinant.

La notion de cycle, commune à toutes les cosmologies traditionnelles mais généralement ignorée de la pensée moderne qui l'a remplacée par celle de progrès, est importante pour comprendre la position que l'islam s'attribue dans l'évolution du monde. Si la création tout entière suit un mouvement cyclique, il en va de même de la Révélation où, dans la perspective islamique, se dessinent deux cycles principaux, le premier recouvrant le second. Chacun est ouvert par un prophète, Adam, pour le cycle de la Révélation dans sa totalité, et Abraham (*Ibrâhîm*) de qui sont issues les religions dites «monothéistes». Tous deux, avec une prédilection pour le second, restent très présents dans la piété musulmane où leur souvenir est régulièrement célébré.

A la différence du christianisme, l'islam ne regarde pas Adam comme responsable du «péché originel», notion qui lui est étrangère. Certes le Coran, source de toute la doctrine musulmane, donne de la transgression commise par le premier homme et son épouse un récit correspondant dans ses grandes lignes à celui de la Bible, mais il insiste surtout sur le repentir d'Adam qui «accueillit les paroles de son Seigneur et revint à lui» (II, 37). Le premier couple humain eut assurément à porter le poids de sa faute puisqu'il dut «descendre» du paradis, mais, en lui accordant son pardon, Dieu accepta de le guider: «Une direction vous sera indiquée de ma part. Quiconque suivra ma Direction ne s'égarera pas et ne sera pas malheureux» (XX, 123). Ainsi Adam fut le premier de la grande lignée des prophètes porteurs de la Révélation universelle. L'islam annoncé par Muhammad devait en clore le cycle et aucun prophète ne saurait être attendu après lui.

Non seulement le Coran mentionne Adam à maintes reprises, mais son souvenir, profondément ancré dans la conscience musulmane, est lié au centre géographique et spirituel de l'Islam, La

Mecque. C'est sur la plaine d'Arafat voisine de la Ville sainte que, selon la tradition, Adam et Ève (*Hawwa'*, dont le tombeau est censé se trouver à Jedda, ville portuaire toute proche), séparés après avoir été chassés du paradis, purent mettre un terme à leur errance sur terre et trouvèrent grâce devant Dieu. Il est dit aussi que l'ancêtre de tous les humains avait érigé sur l'emplacement de la future Kaaba un premier sanctuaire consacré à la Divinité unique, mais qui fut détruit par le déluge.

Aidé de son fils Ismaël, Abraham édifia une nouvelle Kaaba pour la vouer à l'adoration du seul vrai Dieu. Mais les générations suivantes, infidèles et oublieuses de la Vérité, placèrent à l'intérieur du vénérable édifice autant d'idoles que l'année compte de jours. Muhammad, prophète de l'islam, les brisa toutes lorsque sa victoire sur les Mecquois, en l'an 8 de l'hégire (630 ap. J.-C.), lui permit de rétablir le culte du pur monothéisme en ce lieu tenu par les musulmans comme le plus sacré et le plus central de la terre.

Depuis lors les croyants de l'Islam, non seulement appellent chaque jour les bénédictions du Ciel sur Muhammad, le messager de Dieu dont l'exemple et les enseignements demeurent la base de leur piété et le modèle de toute leur existence, mais font régulièrement référence à Abraham. C'est particulièrement le cas à l'occasion de la Grande Fête (*'Id al-kabîr*, ou *'Id al-adhâ*, fête du Sacrifice), point culminant du pèlerinage à La Mecque (*hajj*), qui n'est autre que la commémoration du sacrifice de son fils, à qui, par la grâce divine, un bélier avait été substitué (ce fils étant, dans l'islam, Ismaël et non Isaac). Dans toutes les régions du monde musulman, qui compte près d'un milliard d'êtres humains, le sacrifice est répété et des moutons, ou, à défaut, d'autres animaux, sont égorgés, alors que sur la plaine d'Arafat les pèlerins en font une immense hécatombe.

Les Lieux saints de l'Islam offrent plusieurs autres occasions de rendre hommage à Abraham, l'«Ami de Dieu» (*al-Khalîl*). A l'intérieur du sanctuaire entourant la Kaaba, le pèlerin ne manquera pas de s'arrêter à la «station d'Abraham» (*maqâm Ibrâhîm*) signalée par un petit monument et, à Mina, quartier extérieur de la ville, le rituel du *hajj* lui fait obligation de jeter quelques petits cailloux sur trois piliers de pierre, accomplissant ainsi la «lapidation de Satan» en souvenir du patriarche qui, en cet endroit précis, avait repoussé les attaques du Démon.

A ces rappels, il convient d'ajouter que les musulmans pratiquants, qui demeurent sans doute en majorité dans la communauté islamique mondiale, font souvent suivre le nom de Muhammad de celui d'Abraham dans les litanies dites après les prières rituelles quotidiennes qu'ils accomplissent tournés vers la *qibla* (direction de La Mecque). Et il n'est pas exagéré d'affirmer que *Sayyidunâ Ibrâhîm* (notre maître Abraham) est présent dans la piété musulmane de façon non seulement idéale et théorique, mais effective et concrète.

Si la référence à Adam situe l'islam par rapport à la Révélation universelle et à l'ensemble du genre humain, l'insistance avec laquelle il se réclame d'Abraham en affirme le caractère «sémitique» et définit sa place dans le cycle de la Révélation monothéiste à la suite du judaïsme et du christianisme. Selon le Coran (III, 67), Abraham n'était ni juif ni chrétien, mais *hanîf muslim*, c'est-à-dire un vrai croyant soumis à Dieu. La révélation apportée aux hommes par la mission de Muhammad, «sceau de la prophétie», se veut retour à cette pure religion d'Abraham. Car juifs et chrétiens n'ont pas su garder dans son intégrité le message divin transmis par leurs prophètes; ils y ont été infidèles jusqu'à falsifier le sens de leurs Livres révélés, notamment les passages annonçant la venue de Muhammad, et n'ont pas été attentifs aux signes de Dieu.

Cependant l'infidélité des juifs paraît plus grave que celle des chrétiens et un verset coranique déclare:

Tu constateras que les hommes les plus hostiles aux croyants sont les juifs et les polythéistes. Tu constateras que les hommes les plus proches des croyants par l'amitié sont ceux qui disent: «Oui, nous sommes chrétiens!» parce qu'on trouve parmi eux des prêtres et des moines qui ne s'enflent pas d'orgueil (V, 82).

Cette indulgence envers les chrétiens s'accompagne néanmoins de la condamnation sans équivoque de ceux qui, au lieu de croire en l'Unité de Dieu, veulent y voir une Trinité:

Oui, ceux qui disent: «Dieu est, en vérité, le troisième de trois» sont impies. Il n'y a de Dieu qu'un Dieu unique. S'ils ne renoncent pas à ce qu'ils disent, un terrible châtiment atteindra ceux d'entre eux qui sont incrédules (V, 73).

Et la sourate «de la Pureté», al-Ikhlâç, l'une des plus courtes du Coran, que connaissent par cœur à peu près tous les musulmans, même non pratiquants, est catégorique:

Dis: Lui, Dieu est Un. Dieu, l'Absolu. Il n'a pas engendré ni n'a été engendré. Et nul ne lui est égal (LXII).

Tout cela n'empêche pourtant ni les juifs ni les chrétiens d'être fondamentalement «gens du Livre» (ahl al-kitâb), car ils ont reçu des Révéla-

tions authentiques et la voie du salut leur reste
ouverte :

> Ceux qui croient : les juifs, les çabéens et les chrétiens
> — quiconque croit en Dieu et au Jour dernier et fait le
> bien — n'éprouveront pas de crainte et ne seront pas
> affligés (V, 69).

A tous ces non-musulmans reconnus comme
« gens du Livre » est appliqué en principe le statut
découlant de la *dhimma*, pacte garantissant la
sûreté de leur vie et de leurs biens, mais leur
imposant en contrepartie un certain nombre
d'obligations, notamment le paiement d'une taxe,
la *jizya*, assimilable à un tribut. Correctement
appliqué, ce régime, non seulement a rendu la vie
« en général supportable » aux *dhimmîs*, comme le
constate B. Lewis * mais, aux meilleures époques,
a permis aux groupes minoritaires juifs et chrétiens de maintenir et de développer leur culture, à
tel point que, pour citer un autre islamologue,
C. Cahen **, « le monde musulman a été, cultu-
rellement, économiquement, le paradis des juifs
aux IXe-XIe siècles ». Pareilles appréciations ne
préjugent évidemment pas des situations pénibles
qui ont pu surgir au cours des siècles chaque fois
que se dégradèrent les rapports entre majorité
musulmane et groupes minoritaires, mais toutes
les communautés concernées en ont eu sans doute
leur part de responsabilité. Quoi qu'il en soit
l'Islam a été généralement plus libéral envers les
tenants d'autres religions que, dans des circonstances comparables, ne le furent les pouvoirs
chrétiens. L'Espagne d'après la *Reconquista*, où
juifs et musulmans eurent à subir les pires

* B. LEWIS, *Juifs en terre d'Islam,* p. 44.
** C. CAHEN, *Orient et Occident au temps des Croisades,*
p. 18.

persécutions, en demeure l'un des exemples les plus patents.

Selon l'interprétation la plus courante, les «çabéens» sont assimilés aux mandéens, petite communauté ni juive ni chrétienne de Mésopotamie qui pratique le baptême et se réclame du prophète *Yahyâ*, nom arabe de saint Jean Baptiste. En outre les autorités musulmanes ont souvent rangé dans la même catégorie les mazdéens, ou zoroastriens, représentants de l'ancienne religion majoritaire en Perse avant la conquête musulmane, les mettant ainsi au bénéfice du statut de *dhimmîs*. Cependant un certain flou demeure attaché au terme de «çabéen» et quelques commentateurs ont estimé qu'il fallait y voir une allusion à toutes les traditions qui, en dehors de celle d'Abraham, professent l'Unité divine et demeurent des voies de salut.

Mis à part le cas particulier des çabéens que le Coran ne mentionne qu'à trois reprises et auquel, à l'occasion, des autorités islamiques ont estimé pouvoir assimiler certaines castes hindoues, l'expression «gens du Livre» désigne le plus couramment les juifs et les chrétiens qui, avec les musulmans, constituent la «communauté abrahamique». Or, au sein de celle-ci, chacune des trois religions occupe une position particulière mettant l'accent sur tel aspect de la Révélation.

Ainsi, de façon significative, le judaïsme est centré sur la Loi de Dieu donnée à son peuple, alors que le christianisme, qui est plutôt «voie spirituelle», accorde la prééminence à l'amour divin et à l'intériorité, mais sans apporter de loi spécifique. L'islam, enfin, fait retour à l'Unité originelle et à la religion primordiale dont Abraham avait été le porte-parole, et rétablit l'équilibre entre l'extérieur et l'intérieur, entre Loi (la *Sharî'a* découlant du Coran et de la tradition prophétique) et confiance en la divine Miséricorde (la *rahma*, le deuxième Nom d'Allâh étant *ar-Rahmân*, le Miséricordieux).

Le grand islamologue français Louis Massignon, qui aimait à insister sur l'héritage abrahamique commun aux trois religions, avait relevé que chacune semblait mettre spécialement en relief l'une des trois vertus dites « théologales », le judaïsme se caractérisant par l'espérance, le christianisme par l'amour et l'islam par la foi.

Cette foi des musulmans, qui reste étonnamment vivace et tranche avec le déclin religieux et l'agnosticisme typiques de la société occidentale moderne, est d'autant plus ferme et mieux établie qu'elle se sait en accord avec les messages du Ciel antérieurs à la mission de Muhammad et y fait constamment référence. Les noms les plus usuels en terre d'Islam en témoignent : on ne s'appelle pas seulement Muhammad, Omar ou Alî, mais aussi, par exemple, Ibrâhîm (Abraham), Yûsuf (Joseph), Mûsa (Moïse), Dâoud (David), Sulaymân (Salomon), Yahyâ (Jean Baptiste), Maryam (Marie), 'Îsâ (Jésus) et même, remontant aux origines de l'histoire sainte, Adam ou Idrîs, ce dernier étant généralement identifié avec le patriarche biblique Énoch.

Ces noms de prophètes, auxquels Marie, mère de Jésus, est assimilée, sont parmi les plus fréquemment cités par le Coran, mais il en est bon nombre d'autres qui le sont plus rarement, sans compter tous ceux qui sont passés sous silence et à qui fait allusion ce passage du texte sacré : « Nous avons inspiré les prophètes dont nous t'avons raconté l'histoire et les prophètes dont nous ne t'avons pas raconté l'histoire » (IV, 164).

A part quelques-uns qui appartiennent au passé assez obscur de l'Arabie antéislamique, comme Chu'aïb, Houd ou Çâlih, les prophètes que mentionne le Coran correspondent générale-

ment à des personnages bibliques, ainsi qu'on l'a
vu dans des cas comme ceux d'Adam et d'Abraham. Certains récits ne diffèrent pas considérablement de ce qu'ils sont dans la Bible, et, en
particulier, la sourate *Yûsuf* relate l'histoire de
Joseph et de ses frères dans des termes qui, depuis
qu'elle fut révélée il y a quatorze siècles, n'ont pas
cessé de soulever l'émotion et l'admiration des
musulmans croyants. *Sulaymân*, le roi-prophète
capable de comprendre le langage des djinns, des
oiseaux et même des fourmis, apparaît dans le
Coran entouré de tout un merveilleux, évidemment symbolique, dont le Salomon de l'Ancien
Testament n'est pas doté au même degré. Quant à
Jonas (*Yûnus*), pour prendre un autre exemple, les
deux Livres sacrés ne divergent guère au sujet du
séjour qu'il eut à faire dans le ventre d'un grand
poisson.

Cependant, après Abraham, les porteurs de
messages divins dont le Coran fait le plus souvent
mention et qui restent le plus activement présents
dans la piété musulmane sont sans doute Moïse,
Jésus et sa mère. Les passages coraniques relatifs
à Moïse, où son frère Aaron (*Hârûn*) est aussi
fréquemment nommé, ne diffèrent pas profondément de ceux de la Bible, notamment ceux qui
relatent sa confrontation avec Pharaon et la fuite
des Hébreux sauvés grâce au franchissement
miraculeux de la mer Rouge. Et tout ce qui est dit
du prophète par qui la Loi fut donnée au peuple
d'Israël souligne l'importance essentielle que
l'islam attache à la Révélation sinaïtique.

La manière dont le Coran évoque l'histoire de
Marie (*Maryam*) et de Jésus (*'Isâ*) explicitement
désigné comme *al-Masîh* (le Messie, ou le Christ)
est d'une grande beauté et garde même en
traduction la capacité d'émouvoir les âmes chrétiennes. Mentionnée plus souvent dans le Coran
que dans tout le Nouveau Testament, Marie,

mère de Jésus, occupe une place tout à fait
privilégiée dans l'Islam qui la regarde comme le
modèle parfait de toutes les femmes, et son nom
peut même parfois, notamment dans certaines
confréries soufiques, éveiller des résonances mystiques.

La naissance miraculeuse de Jésus, sans inter-
vention d'homme, est hautement affirmée par le
Coran et constitue un article de foi pour tout
musulman. Plusieurs passages s'y rapportent,
dont ceux-ci :

Les anges dirent : « Ô Marie ! Dieu t'a choisie, en
vérité ; il t'a purifiée ; il t'a choisie de préférence à toutes
les femmes de l'univers. [...]
Ô Marie ! Dieu t'annonce la bonne nouvelle d'un
Verbe émanant de lui ; son nom est : le Messie, Jésus,
fils de Marie ; il est au nombre de ceux qui sont proches
de Dieu. » [...]
Elle dit : « Mon Seigneur ! comment aurais-je un fils ?
Nul homme ne m'a jamais touchée. »
Il dit : « Dieu crée ainsi ce qu'il veut : lorsqu'il a
décrété une chose, il lui dit : " Sois ! "... et elle est » (III,
42-47).

Jésus, dès avant sa naissance, est qualifié de
« Verbe » (*kalima*), terme qui revient en particulier dans ce passage très significatif de la position
de l'islam vis-à-vis du christianisme :

Oui, le Messie, Jésus, fils de Marie, est le Prophète
de Dieu, son Verbe qu'il a jeté en Marie, un Esprit
émanant de lui. Croyez donc en Dieu et en ses
prophètes. Ne dites pas « Trois » [...] Dieu est unique !
Gloire à lui ! (IV, 171).

Les musulmans éprouvent la plus profonde
vénération pour Jésus et Marie, et, selon l'usage
traditionnel, ne prononcent pas leur nom sans
l'accompagner d'une formule de bénédiction (par

exemple « la paix sur lui » ou « sur elle »). Cela leur
donne aussi le sentiment d'être plus proches des
chrétiens que des juifs dont il est dit dans le
Coran :

Nous les avons punis parce qu'ils n'ont pas cru, parce
qu'ils ont proféré une horrible calomnie contre Marie
et parce qu'ils ont dit : « Oui, nous avons tué le Messie,
Jésus, fils de Marie, le Prophète de Dieu. » Mais ils ne
l'ont pas tué ; ils ne l'ont pas crucifié, cela leur est
seulement apparu ainsi. [...] Ils ne l'ont certainement
pas tué, mais Dieu l'a élevé vers lui. (IV, 156-8).

Ici apparaît, malgré la croyance commune en la
mission divine de Jésus et de Marie, une des
divergences majeures séparant la doctrine chrétienne de celle de l'islam. Conformément au texte
coranique, Jésus, pour les musulmans, n'a pas été
crucifié, mais seule l'a été l'apparence de son
corps. Lui-même a été enlevé au Ciel et se trouve
auprès de Dieu jusqu'à ce qu'il revienne parmi les
hommes leur annoncer l'Heure finale. Cependant
il ne saurait être question pour l'islam de notions
telles que « sacrifice expiatoire » ou « rachat des
péchés », car Dieu Tout-Puissant, qui est *Rahmân*
et *Rahîm*, « Miséricordieux plein de Miséricorde », guide sur la voie droite qui il veut et
pardonne à qui il veut.
Ainsi, Jésus, dans l'islam, est prophète et
serviteur (*'abd*) de Dieu au même titre que
d'autres, comme Moïse ou Muhammad. Il est
assurément aussi « Verbe » de Dieu et « Esprit
émanant de lui », mais il ne saurait être appelé ni
Dieu ni Fils de Dieu, car :

Dieu est unique ! Gloire à lui ! Comment aurait-il un
fils ? (IV, 171).
Oui, ceux qui disent : « Dieu est le Messie, fils de
Marie », sont impies (V, 72).

Le désaccord entre les deux religions demeure irréductible sur ce point. Et c'est là que viennent buter tous les efforts de rapprochement que peuvent être tentés d'entreprendre les théologiens de l'un ou l'autre bord.

Quoi qu'il en soit, une confrontation avec le christianisme ne saurait vraiment poser de problèmes au musulman croyant. En acceptant la Révélation de l'islam et en s'y conformant, il a la certitude d'être également en accord avec l'enseignement le plus authentique de Jésus, prophète, Messie et serviteur de Dieu, dont il attend le retour comme un événement futur ne faisant pas de doute, ainsi qu'avec tous les précédents messages venus du Ciel.

Ainsi qu'on aura encore l'occasion de le constater en considérant de plus près les rapports de l'islam traditionnel avec la modernité d'origine occidentale, la profession de foi musulmane (*Shahâda*), base de la foi de tous les croyants de l'Islam, leur donne une certitude inattaquable et les met à l'abri du doute. En prononçant les sept mots qui la composent: *Lâ ilâha illa'Llâh, Muhammadun rasûlu'Llâh* (il n'est de divinité que Dieu, Muhammad est l'envoyé de Dieu), ils ont conscience de proclamer la Réalité absolue de Dieu, donc la Vérité suprême, puis d'affirmer que le meilleur moyen de s'y conformer et d'y faire retour est de suivre la voie tracée par Muhammad, le dernier de ses messagers.

Croire en Dieu est encore chose naturelle en pays musulman et accepter les enseignements de la religion ne l'est pas moins. Jusqu'à ce que la civilisation moderne ait tout envahi, tout nivelé et tout sécularisé, la pratique de l'islam ne représente rien d'extraordinaire pour ceux qui vivent encore dans son ombre. Au contraire c'est, pour le croyant, accomplir pleinement sa vocation

humaine et se sentir intégré dans une communauté équilibrée que le Coran définit par une
formule célèbre, *ummatan wasatan* (II, 143) traduite habituellement par «éloignée des
extrêmes», ou «du juste milieu».

L'évidence de sa religion est telle pour le
croyant de l'islam qu'il lui est souvent difficile de
concevoir qu'un non-musulman, appartenant ou
non à une confession différente, puisse s'y opposer de bonne foi. C'est pourquoi il ne perd pas
complètement l'espoir que l'humanité entière
finisse par se rendre à cette évidence, par se ranger
du côté de l'islam. Cet espoir est renforcé par les
traditions prophétiques annonçant que Jésus,
lorsqu'il sera revenu sur terre pour y établir le
règne de la justice et de la paix, pratiquera lui-
même l'islam sous la forme traditionnelle (*sunna*)
procédant de Muhammad, instrument de la dernière Révélation.

L'eschatologie musulmane

« Louange à Dieu, Seigneur des mondes, le
Miséricordieux qui fait miséricorde, Roi du Jour
du Jugement.... » En ces termes, cinq fois par
jour, le fidèle de l'Islam adresse son adoration au
Tout-Puissant. Ces paroles, les premières de la
Fâtiha, la sourate d'ouverture du Coran, main-
tiennent dans tous les peuples musulmans la
conscience de l'échéance inévitable, du Jour
dernier où tous les humains devront comparaître
devant leur Créateur et lui rendre des comptes.

Élément fondamental de la piété musulmane,
l'attente du Jugement dernier coïncide sur bien
des points avec les croyances juives et chrétiennes
relatives à la fin des temps. Il est possible, en
particulier, de trouver dans le Coran et dans les
enseignements prophétiques maintes similitudes
avec l'Apocalypse. A l'heure actuelle le sentiment
d'approcher de redoutables échéances semble
fréquemment se répandre et les références eschatologiques apparaissent, ou sont sous-entendues,
dans les diverses manifestations de ce qu'on
appelle le « réveil islamique ».

Cependant, si le « Jour du Jugement » ne fait de
doute pour personne, les circonstances qui doivent le précéder et l'accompagner ont toujours
donné lieu à des opinions et interprétations

divergentes de la part des commentateurs musulmans et le discours islamique actuel témoigne de
ce manque d'unanimité. Il n'y a là rien de
surprenant : dans l'islam comme dans les autres
traditions sacrées, les prophéties et prédictions
relatives aux fins dernières de l'humanité sont
généralement formulées en termes symboliques,
laissant le champ libre à des exégèses très diverses
et rendant impossible l'établissement d'un ordre
de succession logique ou d'une chronologie cohé-
rente ; nul, hormis Dieu, ne connaît « ni le jour ni
l'heure ». On ne s'étonnera donc pas de constater
chez les musulmans des attitudes très diverses,
contradictoires même assez souvent, face au
monde d'aujourd'hui et à ce qu'il représente par
rapport aux événements ultimes annoncés par les
textes sacrés, certains y voyant surtout des signes
de déclin et de déchéance, d'autres y trouvant des
raisons de croire en un renouveau de l'islam et en
une restauration prochaine de sa grandeur terrestre.

De nombreux enseignements prophétiques
(*hadîths*) dont l'authenticité n'est pas mise en
doute énumèrent toute une série de signes annonciateurs de l'Heure dernière qui, correspondant
souvent de façon frappante avec certains aspects
du monde actuel, font entrevoir le devenir de
l'humanité sous de sombres couleurs. Voici
quelques-uns de ces signes que mentionnent les
dires du prophète Muhammad recueillis par ses
compagnons :

— perte de l'honnêteté au profit de la fraude,
de la fourberie et du mensonge ;

— progrès de l'ignorance et raréfaction de la
vraie connaissance ;

— dégradation des mœurs, abondance de la
fornication et de la consommation d'alcool ;

— généralisation de l'usure ;

— prépondérance des femmes sur les hommes ;

— révolte des jeunes ;

— prise du pouvoir par des gens indignes de l'exercer ;

— construction d'édifices d'une hauteur toujours plus grande ;

— affaiblissement des musulmans s'opposant entre eux dans des conflits suscités par leurs ennemis.

L'évolution funeste annoncée par de tels signes doit, selon les sources traditionnelles unanimes, culminer avec l'apparition du *Dajjâl*, être maléfique, trompeur et négateur de Dieu, qui s'identifie avec l'antéchrist attendu par les chrétiens. Son règne ici-bas doit être celui de l'oppression, de l'injustice et de l'immoralité, et les *hadîths* s'y rapportant insistent sur les pouvoirs mystérieux dont il sera doué et grâce auxquels il séduira de nombreux fils d'Adam et les détournera de la vérité. La civilisation moderne d'origine européenne, avec tout ce qu'elle comporte d'impiété, de dérèglement des mœurs, de violence, mais aussi avec ses séductions et son développement technique tenant du prodige, a déjà été souvent dénoncée comme annonciatrice du *Dajjâl*, sinon comme son émanation. Il ne faut pas s'étonner dès lors si des musulmans en viennent à regarder l'Occident lui même comme le domaine du *kufr* (mécréance) où règne le *Shaytân* (Satan), et les Occidentaux comme de modernes *kâfirs*, des païens ennemis de Dieu et de la vérité dont l'islam est la principale expression ici-bas. Et lorsque les dirigeants d'une révolution « islamique » traitent de « grands satans » des pays comme les États-Unis et l'URSS, premiers détenteurs de la puissance matérielle dans le monde d'aujourd'hui, il ne faut pas y voir une injure gratuite, mais un

moyen de mobiliser les sentiments de nombreux
croyants.

Contrastant avec l'annonce néfaste de la venue
du *Dajjâl,* l'attente du *Mahdî,* le « bien guidé », a
toujours été source de grands espoirs en terre
d'Islam. Celui-ci n'a pas d'équivalent précis dans
les croyances eschatologiques chrétiennes, mais la
tradition musulmane lui attribue une fonction
décisive en relation avec le retour de Jésus à qui
certains commentateurs ont été jusqu'à l'assimiler. Cependant il existe d'importantes divergences au sujet du *Mahdî* et du rôle qui doit être le
sien aux approches de l'Heure finale, car les
enseignements prophétiques qui s'y rapportent
sont relativement rares et peu explicites. Correspondant à une croyance populaire largement
répandue dans l'*Umma,* la communauté des
croyants, sa venue est néanmoins attendue par la
majorité des musulmans, sunnites et chiites, et les
mouvements de réveil présentement à l'œuvre en
terre d'Islam trouvent fréquemment dans cette
attente une source d'encouragement et d'inspiration, sinon une justification de leur action parfois
violente.

Il est généralement admis que le *Mahdî* sera
descendant de Fâtima, fille du prophète Muhammad, qu'il sera un chef de grand prestige et mettra
un terme au règne de l'oppression et de l'iniquité
sur terre pour y faire triompher la justice et la foi.
Selon certaines traditions il doit venir de Syrie ou
du Khurasan, aux confins de l'Iran et de l'Afghanistan, selon d'autres, plus répandues au
Maghreb, il apparaîtra au Maroc, plus précisément à Massa, sur la rive de l'Atlantique au sud
d'Agadir, divergence illustrant à la fois l'impréci-
sion de cette croyance eschatologique et l'étendue
de sa diffusion de l'orient à l'occident du monde
musulman.

Les espoirs de restauration islamique mis dans

la venue du *Mahdî* ont toujours été tels que, plusieurs fois déjà au cours de l'histoire, lorsque pesaient trop lourdement les effets de la malice des temps, des mouvements populaires ont cru pouvoir saluer la venue du *Mahdî* identifié à tel prince ou chef particulièrement prestigieux et paraissant apte à rétablir la justice et la religion dans leur plénitude. Sans remonter au calife fatimide Ubayd Allâh al-Mahdî, dont la ville de Mahdiya, en Tunisie, évoque le souvenir, il y eut, parmi les plus mémorables de ces mouvements mahdistes, celui du Marocain Ibn Tûmart, fondateur de l'empire almohade (début du XIIe siècle), ou, plus près de nous, le soulèvement du Soudanais Muhammad Ahmad Abdallâh (mort en 1885) qui s'était cru désigné par le Ciel pour purifier le monde et fit vaillamment la guerre aux Anglo-Égyptiens. A n'en pas douter, pareilles tendances et réminiscences sont présentes dans la conscience de ceux qui, aujourd'hui, entendent œuvrer pour l'Islam et son renouveau.

Cependant, si la croyance au *Mahdî* est largement répandue dans le sunnisme tout en y restant facultative, elle est essentielle et obligatoire dans le chiisme qui l'associe étroitement à la doctrine selon laquelle le pouvoir légitime, dans l'islam, ne saurait appartenir qu'à des *imâms* descendants d'Alî et de Fâtima, fille du Prophète. Selon le chiisme majoritaire appelé pour cette raison « duodécimain » ou « imamite », ces *imâms* furent au nombre de douze (alors que les chiites ismaéliens n'en reconnaissent que sept et les zaydites cinq). Depuis Alî, numéro un de la lignée, ils vécurent dans les premiers siècles de l'Islam, et le douzième, nommé précisément Muhammad al-Mahdî, disparut mystérieusement en 874, peu après la mort de son père. Il est censé se trouver depuis lors en occultation *(ghayba)* et doit réapparaître avant la fin des temps dans un monde livré à toutes les formes d'oppression, de mensonge et de violence pour y rétablir le règne de la justice, de la vérité et de la paix. Il y a donc identité entre le *Mahdî* et le douzième imam, également appelé par les chiites «Maître du Temps» (*Çâhib az-Zamân*).

En attendant de se manifester à nouveau en tant que *Mahdî* parmi les hommes, l'imam caché reste spirituellement présent et accorde son inspiration à ceux qui l'implorent et en sont dignes. La portée mystique de pareille doctrine est évidente et la spiritualité chiite s'en est toujours abondamment nourrie, en même temps qu'elle n'a cessé d'entretenir l'espérance messianique parmi les croyants. Cependant elle a eu tendance en ce siècle à prendre une coloration de plus en plus politique et son influence a été déterminante sur le mouvement révolutionnaire et le cours des événements qui ont amené l'ayatollah Khomeini au pouvoir. Celui-ci, soutenu par une propagande efficace conduite en partie de l'extérieur, a été présenté au peuple iranien comme le précurseur et le porte-parole inspiré du *Mahdî*, le «Maître du Temps», dont la venue serait imminente. Et après qu'il eut été lui-même déclaré «imâm», dans les derniers jours précédant son retour en Iran, on s'est beaucoup demandé dans la population s'il n'était pas le *Mahdî* en personne, car il est «seyyed», c'est-à-dire descendant de la famille du Prophète.

Diverses notions modernes d'origine occidentale se mêlent couramment à ces croyances messianiques traditionnelles. Significative à cet égard reste l'œuvre d'Ali Shariati (1933-1977), amalgame d'idéaux musulmans, marxistes et tiers-mondistes, où le chiisme est présenté comme une religion «rouge» et le *Mahdî* comme le sauveur qui doit venir libérer les opprimés de la terre. Son influence sur la jeunesse iranienne aura été probablement décisive pour la préparer à la révolution

présentée comme l'accompagnement nécessaire
de la réalisation des promesses liées à la réappari-
tion du douzième imam. Le cas de Shariati est
loin d'être unique et, comme on aura encore
l'occasion de le constater, d'autres théoriciens des
actuels mouvements «islamistes», même en
dehors du chiisme, ont tendance à associer les
espérances eschatologiques authentiquement
musulmanes à la notion typiquement moderne de
«progrès» ainsi qu'à diverses doctrines politico-
sociales d'origine européenne et étrangère à l'Islam.

Quant au retour de Jésus, événement tenu pour
certain par la tradition unanime, il semble retenir
l'attention des mouvements de réveil et des
milieux activistes à un moindre degré que l'attente du *Mahdî*, laquelle polarise davantage les
aspirations à une prochaine restauration de l'islam dans toute sa grandeur terrestre. Et pourtant,
selon les textes, c'est le Messie, le Fils de Marie,
qui, avec l'aide du *Mahdî*, vaincra le *Dajjâl* et le
tuera. Alors se lèvera sur le monde une nouvelle
aube de paix et d'harmonie universelle s'étendant
à toute la création. Jésus pratiquera l'islam tel que
le prophète Muhammad l'a révélé et l'humanité
entière s'y ralliera. A la fin de sa deuxième mission
terrestre, qui aura duré quarante ans, il mourra et
sera enterré à Médine, aux côtés du Prophète de
l'islam et des premiers califes, où un emplacement
vacant lui est destiné.

A commencer par sa descente sur terre qui doit
avoir lieu par le minaret blanc à l'est de la
mosquée des Omeyyades à Damas — d'autres
traditions parlent d'une colline près de Jérusalem —, cette deuxième venue de Jésus doit

s'accompagner de multiples signes et prodiges. Fait à noter, la plupart de ces épisodes sont géographiquement liés au Proche-Orient et particulièrement à la Palestine, circonstance qui n'est certainement pas sans rapport avec le sentiment assez largement répandu dans le monde musulman que le sort de l'Islam doit se jouer dans cette région.

Il ressort de tout cela que la fonction eschatologique de Jésus, fils de Marie, est très différente dans l'islam de ce qu'elle est dans le christianisme. Car elle n'est pas celle de Juge suprême, rôle qui ne saurait revenir qu'à Dieu seul, « Roi du Jour du Jugement » selon l'expression coranique que les musulmans pratiquants répètent dans chacune de leurs prières rituelles. Et c'est à l'occasion du Jugement que Muhammad, leur prophète, exercera son intercession. A lui reviendra le privilège d'avoir accès au paradis avant tous les autres messagers de Dieu qui l'ont précédé sur terre et d'y faire entrer les membres de sa communauté.

Si ces traditions eschatologiques ont évidemment des sens mystiques et ésotériques malaisés à élucider, il est néanmoins possible d'affirmer qu'elles sont liées à une conception cyclique du temps, alors que pour la pensée moderne la notion de temps est linéaire et purement quantitative. Et cette conception cyclique traditionnelle correspond à l'idée de déclin cosmique qui ressort clairement du Coran ainsi que des enseignements prophétiques. Il est dit, par exemple, que « l'islam, à la fin, sera étranger au monde comme il l'a été au début », ou que « chaque génération marque une déchéance par rapport à la précédente ». Mais le Prophète a également enseigné qu'au début de chaque siècle (selon le calendrier hégirien) Dieu ferait surgir un rénovateur de la religion dans la communauté des croyants. Or c'est précisément par la combinaison de ces deux tendances apparemment contradictoires, le déclin et la rénovation, que se manifeste le mouvement cyclique.

Cependant la doctrine procédant de ces sources traditionnelles laisse aussi entrevoir que, l'évolution générale étant descendante, chaque renouveau sera, d'un siècle à l'autre, plus limité que le précédent et fera sentir ses effets sur un nombre de plus en plus réduit de croyants, jusqu'à ce que, précisément, l'islam soit «étranger au monde». Effectivement l'histoire du monde musulman semble illustrer pareille conception et, de ses premiers siècles aux temps modernes, témoigne de mouvements périodiques de renouveau (*tajdîd*) et de réforme (*içlâh*) de la tradition qu'ils contribuèrent à revivifier, mais sans pouvoir vraiment en renverser la tendance générale déclinante, d'ailleurs sensible également dans le cadre des autres religions.

De ces mouvements de rénovation, même ceux qui eurent les plus vastes répercussions politiques avaient eu le plus souvent pour initiateurs des personnalités de grande envergure spirituelle, notamment des maîtres rattachés à des ordres soufiques dont l'influence, débordant du cercle de leurs disciples directs, devaient s'étendre à l'ensemble de la communauté et réchauffer sa ferveur. Mais depuis longtemps ne se sont plus manifestée dans le monde musulman de guides spirituels comparables à ce qu'avaient été au Moyen Âge des Ghazâlî, Jîlânî, Rûmî ou encore, au début du XVIIᵉ siècle, un Ahmad Sirhindî.

Désormais les promoteurs de l'actuel «réveil islamique» n'ont plus guère de traits communs avec les grands inspirateurs des authentiques «renouveaux» ou «réformes» du passé et, en particulier, paraissent fort éloignés de la spiritualité soufique dont l'influence avait été si considérable autrefois. En effet, ainsi qu'on aura encore l'occasion de le constater, les théoriciens faisant le plus autorité au sein des mouvements intégristes et activistes à l'œuvre dans le monde musulman, malgré leur rejet formel et superficiel de l'Occident, témoignent en réalité d'une certaine contamination de leur pensée par les conceptions occidentales modernes.

De telles constatations, dont l'importance n'apparaît peut-être pas suffisamment aux observateurs occidentaux, posent de graves questions sur la nature réelle de bien des mouvements rangés sous l'étiquette du «réveil islamique». Expriment-ils le véritable esprit de *tajdîd* et de *içlâh* qui, dans le cadre de la tradition, a déjà maintes fois revivifié l'islam au cours de son histoire, ou plutôt, tirant leur inspiration de sources modernes, sont-ils animés par des forces subversives apparentées à celles qui, depuis deux siècles, ont déjà provoqué tant de bouleversements et de violences d'Occident en Orient et jusqu'en Chine?

III

Islam et modernité

Jamais l'islam n'avait été aux prises avec un problème aussi grave que celui de ses rapports avec le monde moderne, jamais il n'avait eu à faire face à un aussi redoutable défi. Il dut sans doute au cours des âges affronter des ennemis nombreux et divers qui lui portèrent souvent de rudes coups et l'affaiblirent sensiblement, mais aucun n'était parvenu à ruiner sa puissance terrestre comme l'ont fait les nations occidentales détentrices de moyens matériels nouveaux et imparables les rendant capables d'établir leur domination sur de vastes régions du domaine musulman.

Les conquêtes coloniales ont eu sur les sociétés islamiques des effets d'autant plus bouleversants qu'à la domination politique de l'Occident a fait suite son emprise économique, technologique et même idéologique. Et depuis plus d'un siècle les musulmans ne cessent de s'interroger sur eux-mêmes et sur leur impuissance face à une civilisation élaborée par des peuples étrangers à l'islam et à la vérité dont il est l'expression la plus achevée. De leurs réflexions et doléances est née une littérature abondante dont le flot est encore loin de tarir.

Maints esprits talentueux se sont efforcés de donner des réponses à ce défi et de montrer les voies du redressement. Mais leurs appels ont en général manqué d'unanimité et sont demeurés impuissants à définir une position commune face à la civilisation occidentale dont les empiétements, sous le couvert d'une indispensable modernisation, se sont poursuivis dans la vie et dans l'âme des peuples musulmans. Ceux-ci sont désormais travaillés par des courants contradictoires qui ont pour effet fréquent d'entretenir un état d'insatisfaction contribuant à l'inefficacité et à l'instabilité des régimes en place. Et il n'est pas exagéré de dire que le choc agressif de l'Occident moderne a provoqué dans le monde de l'Islam un état de crise endémique plus ou moins accentué selon les circonstances politiques ou sociales, et montrant qu'il n'est pas vraiment parvenu à s'accommoder de la modernité régnant désormais sur tout le genre humain.

Certaines commotions ont été particulièrement traumatisantes, ainsi la défaite arabe de 1967 devant Israël qui a été ressentie dans tout le monde de l'Islam comme une intolérable humiliation, à tel point que des musulmans proches du désespoir ont pu se demander : « Qu'arrive-t-il donc à l'Islam ? Dieu a-t-il abandonné les musulmans, *sa* communauté ? »

Il est important de relever toutefois que pareille situation d'infériorité matérielle et politique n'empêche nullement l'Islam de manifester sa vigueur sur le plan spécifique de la religion où le fait d'apparaître étranger à la civilisation occidentale et aux puissances qui la représentent favorise plutôt son expansion. Ses progrès continus en Afrique et en Asie en font la démonstration.

Bien que beaucoup de musulmans se refusent à l'admettre, tout cela illustre le fait qu'il existe une incompatibilité fondamentale entre islam et civilisation moderne. Ainsi qu'on l'a déjà signalé au chapitre précédent, la pensée musulmane tradi-

tionnelle ignore la notion de «progrès» dont
l'importance est déterminante dans la mentalité
de l'Occident moderne, mais il existe deux autres
raisons décisives faisant que l'Islam ne saurait
sans se renier lui-même réellement s'adapter au
monde d'aujourd'hui tel que l'ont façonné des
hommes totalement étrangers à sa foi.

La première de ces raisons procède de la
Shahâda, la profession de foi islamique : « Il n'est
de divinité que Dieu, Muhammad est l'Envoyé de
Dieu. » (*Lâ ilâha illa'Llâh, Muhammadun rasûlu'Llâh*). Tout l'Islam est contenu dans ces quinze
syllabes, toute la religion en découle : foi, doctrine, pratique, règles et style de vie sur le plan
individuel et collectif. Tous les musulmans sans
exception reconnaissent l'autorité de cette formule qui n'a jamais fait l'objet d'aucune contesta-
tion et reste le lien le plus solide et le plus profond
entre les diverses composantes du monde de
l'Islam malgré toutes leurs autres divergences et
oppositions.

La *Shahâda* est d'abord négation : *Lâ ilâha,*
«point de divinité», donc tout est relatif, tout est
transitoire, illusoire ; puis elle est affirmation :
illa' Llâh, «sauf Dieu» qui est donc la seule
Réalité permanente, la seule Vérité. Après ces
sept syllabes qui, établissant une distinction irré-
futable entre Absolu et relatif, constituent la base
métaphysique de l'islam vient la deuxième proposition : *Muhammadun rasûlu'Llah.* «Muhammad
est l'Envoyé de Dieu» et grâce à lui, à son message
et à la voie qu'il lui trace, l'homme peut vivre
selon cette Vérité, cette Réalité, et y faire retour.

Constamment répété dans les appels du muez-
zin comme dans l'accomplissement des devoirs
quotidiens de la religion, ce témoignage de foi,
même si ses significations les plus profondes
échappent à la majorité des croyants, imprègne la
vie d'une présence sacrée qui est remémoration de

la Réalité divine au regard de laquelle ce bas
monde n'est que «distraction et jeu», selon
l'expression coranique. Cela contribue à entretenir dans les populations musulmanes un certain
sentiment de l'évanescence de toutes choses peu
en accord avec le sens moderne de l'efficacité qui
fait la force des sociétés industrielles.

L'énoncé fondamental qu'est la *Shahâda* permet aussi de constater entre Islam et mentalité
spécifiquement moderne l'existence d'un fossé
infranchissable, d'une opposition et d'une incom-
préhension irréductibles. Assurément les musulmans modernisés sont peu enclins à le reconnaître, mais le fait n'en est pas moins incontestable :
Islam et pensée moderne ne s'accordent même
pas sur la notion de *réel* qui est pourtant la plus
fondamentale qu'esprit humain puisse concevoir.

L'islam, du fait de la *Shahâda* et de toute la
doctrine coranique qui en est le développement,
est dominé par la certitude de l'Absolu divin, d'un
au-delà (*al-âkhira*) infiniment préférable au bas
monde (*al-dunyâ*) où nous vivons présentement,
plus durable, plus réel. Or, en fait, la pensée
moderne, depuis qu'elle a récusé la métaphysique
traditionnelle, professe exactement le contraire.
Elle ne reconnaît de réalité que celle du monde
créé, considérant comme plus ou moins vaine
toute spéculation qui en dépasse le plan. Le réel,
pour elle, est tout ce qui peut être soumis au
contrôle de nos sens et de nos moyens de mesure,
et cela, en pratique, revient à éliminer la notion
d'Absolu pour ne plus tenir compte que du relatif
se prêtant à l'action des hommes. Pareille attitude, amplement illustrée par la pensée scientifique et philosophique moderne, en particulier par
les diverses formes d'existentialisme, est antithèse
directe de la profession de foi musulmane et de la
distinction capitale qu'elle établit entre Absolu et
relatif. Elle correspond assurément à ce que

l'islam considère comme mécréance (*kufr*), mais en revanche elle peut procurer à ceux qui l'adoptent les clés de la puissance terrestre, du moins dans les limites du monde actuel.

Dès lors qu'il se définit par la *Shahâda*, qui énonce sa transcendance et sa raison d'être, l'islam ne saurait trouver de véritable terrain d'entente avec la civilisation sécularisée et coupée de tout principe transcendant qui a établi sa domination sur les cinq continents. A ce monde élaboré par des hommes récusant en fait la Vérité divine dont il s'est toujours voulu le porte-parole, l'islam demeure, malgré tout ce que prétendent les musulmans modernistes, fondamentalement étranger ; les tentatives de l'y adapter et de composer avec lui comportent immanquablement, sinon une part de reniement, du moins un affaiblissement et une perte d'identité. Là réside sans doute les causes profondes de l'instabilité que l'on constate dans le monde de l'Islam, de même que de la difficulté, pour ne pas dire de l'impossibilité, où se trouvent les immigrés musulmans de s'intégrer réellement et définitivement au milieu occidental où ils peuvent être amenés à vivre.

Une deuxième raison, liée à la précédente, de l'incompatibilité fondamentale de l'islam avec le monde d'aujourd'hui se trouve dans le fait qu'il a été révélé, en tant que religion, dans une forme parfaite et définitive à laquelle, jusqu'au Jour du Jugement, rien ne saurait être ajouté ni retranché, du moins en principe. Dans le dernier révélé des versets du Coran, Dieu a déclaré à la communauté des croyants : « Aujourd'hui J'ai rendu votre religion parfaite ; J'ai parachevé ma grâce sur vous ; J'agrée l'islam comme étant votre religion » (V, 3).

En conséquence aucune modification ne saurait être apportée ni aux croyances fondamentales ni aux obligations majeures constituant la pratique de la religion. Celles-ci, dénommées «piliers» (*arkân*) de l'islam, sont au nombre de cinq: profession de foi (*shahâda*), prière rituelle (*çalât*), jeûne du ramadan (*çawm*), aumône légale (*zakât*), pèlerinage à La Mecque (*hajj*). La Loi (*sharî'a*) procédant du Coran et des enseignements prophétiques (*hadîth*) en définit avec précision les modalités dans le cadre des diverses écoles juridiques (*madhâhib*, sing. *madhhab*) admises par la tradition, mais elle ne saurait faire l'objet d'«innovations» (*bid'a*) dont le principe même est condamné. Un *aggiornamento* comparable à celui de l'Église catholique à l'occasion du concile Vatican II est donc exclu dans l'islam et toute tentative dans ce sens paraît d'avance vouée à l'échec.

Un épisode relativement récent en fournit un exemple significatif: dans les années suivant l'indépendance de la Tunisie, le président Bourguiba, constatant que le jeûne du ramadan avait des effets négatifs sur l'activité économique du peuple, prit l'initiative de déclarer que le travail producteur, dans un pays en développement comme le sien, pouvait être assimilé à une guerre sainte (*jihâd*) et donc justifiait comme celle-ci une dispense du jeûne pendant le mois sacré. Et lui-même se mit ostensiblement à boire et à manger pendant les heures du jour où la tradition en prescrit l'abstinence. Tout un scandale en résulta et ce fut un concert de protestations indignées non seulement en Tunisie mais dans une bonne partie du monde musulman où le prestige du «Combattant suprême» fut sérieusement ébranlé.

Cette fixité de l'islam et des principales obligations déterminant sa pratique ne s'oppose cependant pas à une réelle souplesse permettant au croyant de se plier à toutes les circonstances ou contraintes de la vie, à condition que son intention soit droite. Selon l'un des plus cités parmi les *hadîths*, « l'action ne vaut que par l'intention ». Et le Coran lui-même ne confère pas de caractère absolu aux règles qu'il prescrit, ainsi lorsqu'il fait suivre l'énoncé des interdits alimentaires, comme celui touchant la viande de porc, de concessions comme celle-ci : « Nul péché ne sera imputé à qui serait contraint d'en manger sans pour cela être rebelle ni transgresseur » (II, 173).

C'est en vertu de la même priorité à l'intention, c'est-à-dire à la disposition profonde des cœurs, sur l'action et l'attitude extérieures, que l'islam admet des dérogations à la Loi lorsqu'il n'est vraiment plus possible matériellement de l'observer intégralement. Une tradition, particulièrement développée dans le chiisme, va jusqu'à justifier la dissimulation (*taqîya* ou *kitmân*) lorsque les intérêts de la religion sont en jeu.

La souplesse de l'islam, voie de salut destinée à rester accessible aux hommes jusqu'à la fin, ressort aussi de plusieurs enseignements prophétiques, dont l'un, en particulier, déclare : « Celui qui, au début de l'islam, négligera un dixième de la Loi est voué à la perdition, mais, à la fin, celui qui en gardera un dixième sera sauvé. » Si donc la Loi est immuable en elle-même et ne saurait subir de modification au gré des circonstances ou de l'évolution des mœurs, la tradition rappelle qu'il ne faut pas faire de son application un absolu, surtout en un temps de déclin religieux, car, selon le Livre révélé, « Dieu veut la facilité pour vous, il ne veut pas, pour vous, la contrainte » (II, 185).

Dans la vie des sociétés musulmanes, la confrontation avec la modernité occidentale a suscité, au cours de ce siècle, des réactions très diverses, souvent même opposées, correspondant généralement à trois types principaux.

La première réaction est celle qui a trouvé son expression la plus accomplie dans le kémalisme, entreprise de laïcisation à outrance imposée à la Turquie par Kemal Atatürk et poursuivie par ses successeurs. Il s'est agi en fait d'une tentative implacable d'adapter et d'intégrer un pays d'Islam à l'Occident moderne afin d'en acquérir l'efficacité politique et la puissance matérielle, cela au prix d'une véritable capitulation culturelle. Dans son zèle à copier les Européens en toutes choses, le dictateur turc n'a pas hésité à sacrifier certaines des valeurs les plus précieuses de la civilisation musulmane et ottomane. L'une de ses grandes idées a été de réduire la religion à la condition d'affaire privée comme le christianisme dans l'Occident sécularisé, et il usa pour cela de la contrainte la plus brutale, faisant bon nombre de martyrs parmi les tenants de l'islam traditionnel.

Un demi-siècle après la disparition d'Atatürk (1938), on constate qu'il n'a guère fait école en dehors de son pays. Il eut assurément de nombreux admirateurs dans le monde musulman et plusieurs hommes politiques et généraux, tel Rezâ khân Pahlavî en Iran, n'auraient rien souhaité de mieux que de marcher sur ses traces, mais les mêmes conditions ne se reproduisirent plus et, de l'orient à l'occident des terres de l'Islam, il devint évident que les autorités religieuses pouvaient compter sur des appuis populaires suffisants pour faire échec à toute entreprise semblable de laïcisation.

En Turquie même, il apparut bientôt que les réformes kémalistes n'avaient pas pris racine aussi profondément que les dirigeants du régime l'avaient escompté et que les masses rurales, encore très majoritaires dans le pays, y demeuraient très réticentes. La population des villes s'était laissé plus facilement séduire par la modernité occidentale et la bourgeoisie en adopta les usages souvent avec empressement, mais un vide culturel finit tout de même par s'y faire sentir et désormais peuvent s'observer chez beaucoup de citadins un retour à l'Islam et un désir de redécouvrir les valeurs de sa civilisation. L'opposition à la laïcité officielle n'ose pas se manifester trop ouvertement aussi longtemps que l'armée en demeure la gardienne redoutée, mais, ainsi que maints indices, notamment à l'occasion des scrutins électoraux, en témoignent périodiquement, l'héritage d'Atatürk, qui ne correspond pas à l'identité profonde du peuple, est toujours plus contesté.

La deuxième attitude, de beaucoup la plus répandue, face aux empiétements de l'Occident et de sa civilisation est celle qui consiste à reconnaître la nécessité d'une certaine modernisation dans l'idée que la préservation de l'Islam dans le monde actuel ne peut être qu'à ce prix. Pareille acceptation de la modernité, dans quelque mesure au moins, caractérise la grande majorité des mouvements de réforme et de « réveil » actifs dans les sociétés musulmanes d'aujourd'hui, même de ceux qui rejettent le plus bruyamment tout ce qui vient de l'Occident.

Car il existe une tendance très nette à vouloir dissocier les deux notions d'« Occident » et de « modernité », la première étant péjorative et la seconde gardant tout son prestige. Et fréquemment s'exprime l'opinion que les musulmans doivent se moderniser, mais non s'occidentaliser.

Pareil distinguo contient un très grand malentendu et prétend nier cette évidence que toute modernité au sens propre du terme a son origine dans l'Occident tel que la rupture de sa propre tradition le différencie de toutes les autres civilisations. En réalité tous les mouvements « islamistes » qui se manifestent sur la scène politique et participent, avec ou sans violence, aux luttes pour le pouvoir sont plus ou moins influencés par la pensée occidentale. L'emploi de termes et de schémas empruntés au discours politique européen, au marxisme en particulier, en témoigne constamment; pour n'en citer qu'un exemple, le qualificatif « impérialiste » est devenu d'usage courant pour désigner les ennemis réels ou supposés de la cause arabe et islamique.

Les musulmans activistes — « intégristes », « fondamentalistes » ou « islamistes » si l'on préfère — subissent aussi un certain assujettissement de la pensée occidentale moderne en ce qu'ils acceptent généralement, même sans en avoir conscience et comme une chose allant de soi, sa conception rectiligne du temps et ne tiennent plus compte à cet égard de la doctrine traditionnelle de l'islam selon laquelle le cours du temps est de nature cyclique, ainsi qu'on l'a déjà signalé. Il en résulte l'acceptation implicite de l'évolutionnisme et de l'idée de progrès. De là découle aussi le sentiment, si largement répandu chez les intellectuels musulmans, du « retard » de l'Islam par rapport à la civilisation moderne dont l'Europe est le berceau.

Il s'agit là d'une sorte de hantise à laquelle ont donné expression depuis un siècle de nombreux écrivains, penseurs et hommes politiques à la recherche des moyens les plus propres à rattraper ce retard ressenti comme une intolérable humiliation. Dans leur idée et selon leur conception progressiste de l'histoire, l'Islam se serait laissé « dépasser » par l'Occident, comme si l'un et l'autre étaient engagés dans une course au progrès. Après avoir été longtemps à la tête des nations, les musulmans et leur civilisation seraient tombés dans un état d'« assoupissement » ou de « stagnation », alors que l'Europe chrétienne s'éveillait, prenait son essor et partait à la conquête du monde. Et la faiblesse de l'Islam face

à son concurrent occidental a causé d'autant plus
d'amertume dans les esprits que, fait historique
bien connu, les chrétiens européens, à la fin du
Moyen Âge, avaient largement puisé à des sources
arabo-musulmanes les éléments de connaissance
qui devaient leur permettre de donner une nouvelle impulsion à la science, d'inaugurer la
modernité en brisant les cadres de la pensée
traditionnelle et ainsi d'ouvrir la voie à la
« Renaissance ».

De telles constatations ont alimenté tout un
courant intellectuel réformiste dont les porte-
parole ont abondamment insisté sur l'urgence
pour le monde de l'Islam de secouer sa torpeur et
de reprendre sa marche en avant si fâcheusement
interrompue depuis le début des temps
modernes. Comme ils le relèvent volontiers eux-
mêmes, il devrait être à la portée des musulmans
de combler leur retard et de rattraper l'Occident
sur le plan scientifique, technique et industriel,
comme y ont si bien réussi les Japonais et autres
peuples orientaux non musulmans dont l'exemple
suscite admiration et envie.

Fait important à noter, l'islam, en dehors du
kémalisme et de quelques auteurs isolés, n'est
jamais attaqué comme tel ni rendu directement
responsable de l'affaiblissement du monde
musulman et de son retard face à l'Occident. Au
contraire la plupart des penseurs estiment plutôt
que c'est pour ne pas avoir été assez fidèles à
l'islam, à son véritable esprit et à ses enseignements relatifs à la recherche du savoir que les
musulmans ont perdu leur prééminence parmi les
nations et se sont laissé dépasser par des non-
croyants. Car l'islam, selon l'opinion la plus
répandue, est parfaitement « progressiste » et on
se refuse à voir en quoi il pourrait être en
désaccord avec la civilisation moderne. En conséquence on accepte avec empressement les

diverses formes d'industrialisation qui paraissent conférer la puissance matérielle dans le monde d'aujourd'hui, cela sans égard pour les expressions de la culture et de l'identité islamiques, comme l'artisanat traditionnel, désormais menacées de disparition.

Très répandue dans les mouvements activistes où elle contribue fortement à leur assurance et à leur motivation est la conviction que l'islam possède la capacité de résoudre, mieux que toute autre idéologie, les grands problèmes de notre temps si seulement on prend soin de l'interpréter et de l'appliquer correctement. C'est notamment ce que professait le cheikh égyptien Hassan al-Bannâ, fondateur du mouvement des Frères musulmans dont l'influence continue à se faire sentir dans le monde arabe et autres régions du domaine islamique. Il en résulte la certitude, confirmée par la perte de prestige de l'Occident capitaliste comme du système communiste, de posséder de bien meilleures recettes pour régler les affaires du monde. C'est la même idée qu'exprime la propagande du régime khomeiniste par ce slogan souvent affiché dans les rues des villes iraniennes : «Non à l'Est, non à l'Ouest, oui à l'islam !»

Telles sont quelques-unes des principales caractéristiques communes aux courants modernistes à l'œuvre dans les sociétés musulmanes depuis un siècle et connaissant actuellement une nouvelle vigueur. Ils se répartissent en des tendances très diverses allant d'un réformisme modéré et libéral à l'intégrisme le plus intransigeant et aux positions révolutionnaires les plus extrémistes, ainsi qu'on aura encore l'occasion de le constater.

Il est enfin une troisième tendance qui cherche à revivifier l'islam de l'intérieur, en restant fidèle à l'esprit de sa tradition et, dans la mesure du possible, sans faire de concession à la modernité sécularisante. Silencieuse et discrète, cette attitude ne retient peut-être pas suffisamment l'attention des islamologues et observateurs occidentaux, mais son influence n'en est pas moins considérable dans l'ensemble du monde musulman. C'est, paradoxalement, dans les pays où l'islam a été le plus directement attaqué que se fait aussi sentir le plus nettement la force latente qu'elle représente. Organisée le plus souvent dans le cadre de confréries soufiques qui ne redoutent pas, en cas de nécessité, de se retirer dans la clandestinité, cette force a prouvé qu'elle était capable de faire échec aux tentatives les plus inexorables de désislamisation. Ainsi en Turquie elle aura été l'âme de la résistance populaire à l'entreprise kémaliste de laïcisation.

Le cas de l'URSS est encore plus significatif. Soumises depuis plus d'un demi-siècle à l'action implacable d'un régime résolu à extirper toute religion, les populations musulmanes semblent avoir, dans une très large mesure, maintenu intacte leur foi traditionnelle qu'elles continuent à pratiquer en privé même si elles ont dû renoncer à presque toutes ses manifestations publiques. Il ne reste dans l'ensemble des régions qu'elles habitent qu'un nombre infime de mosquées en fonction où officient des dignitaires soumis au contrôle des autorités dont ils sont des sortes d'auxiliaires, mais, outre cet islam officiel, squelettique et dénué de tout prestige, en existe un autre, sur lequel l'administration soviétique est sans pouvoir et qu'elle désigne elle-même comme « parallèle ». C'est l'islam clandestin des confréries soufiques qui, selon l'ouvrage récent de deux spécialistes, Alexander Bennigsen et Chantal

Lemercier-Quelquejay *, tient tête avec efficacité et vigueur à toutes les pressions et persécutions de l'athéisme marxiste-léniniste.

Ce même islam traditionnel et intérieur est aussi l'une des principales sources d'inspiration du *jihâd*, le combat sacré des Afghans contre les envahisseurs mécréants du Nord. Car les confréries soufiques ont toujours tenu un rôle de premier plan dans la vie des populations afghanes et les dirigeants de la Résistance y sont en majorité affiliés.

Cependant le cas de l'Afghanistan témoigne aussi des tentatives menées par un islam plus réformiste et moderniste, intégriste même, pour s'imposer aux dépens des confréries traditionnelles. Car les activistes et progressistes sont généralement hostiles aux tenants du soufisme dont ils désapprouvent le conservatisme et l'attachement à des valeurs n'ayant plus cours dans le monde d'aujourd'hui. On l'a vu en Afrique du Nord où, certaines confréries s'étant compromises avec le pouvoir colonial, on en a pris prétexte pour les dénigrer toutes.

En réalité les ordres soufiques, qui sont répandus dans l'ensemble du monde musulman et présentent une très grande diversité, sont bien loin d'être tous demeurés fidèles à la spiritualité traditionnelle qui, à l'origine, avait été leur raison d'être. Certains ont dégénéré dans la superstition, le maraboutisme ou le fakirisme, d'autres dans la politique. Ailleurs, notamment en URSS et en Turquie, leur ferveur religieuse leur a valu d'être assimilés au « fondamentalisme » tenu pour l'une des principales expressions du « réveil » islamique.

Le soufisme authentique, qui correspond à la

---

* Alexander BENNIGSEN et Chantal LEMERCIER-QUELQUEJAY, *Le Soufi et le Commissaire*, Seuil, 1986.

réalité intérieure de l'islam, n'en reste pas moins vivant et semble même regagner de l'influence dans maints pays musulmans où il attire des âmes en quête de spiritualité, un peu comme le font actuellement les ordres contemplatifs dans l'Occident chrétien. Il alimente un courant intellectuel qui en atteste la vigueur et se manifeste jusque dans les grandes universités islamiques comme Al-Azhar au Caire. Il est également significatif de relever que les confréries soufiques continuent, comme elles l'ont fait depuis de longs siècles en Afrique et en Asie, d'exercer un rayonnement se traduisant par de fréquentes conversions. En Europe et en Amérique, le soufisme s'est fait connaître depuis la dernière Guerre mondiale grâce à un certain nombre de publications qui ont permis à un public cultivé de comprendre que l'islam, malgré toutes ses turbulences extérieures, reste porteur d'une spiritualité intensément vivante.

IV

Wahhabites, salafîs
et autres réformistes

La plupart des mouvements de réforme qui se
sont manifestés dans l'islam à l'époque moderne
ont été marqués par une volonté de restaurer la
pureté originelle de la religion et de la faire
redevenir telle que le Prophète l'avait instituée et
pratiquée avec ses compagnons. Ce commun
désir d'un retour aux *salaf,* les grands ancêtres, a
conduit à désigner du terme de *Salafiya* la
tendance générale qu'ils représentent. Sa première expression a été le wahhabisme qui reste
prédominant en Arabie Saoudite et n'est pas sans
influence dans d'autres pays musulmans.

L'origine de cette forme puritaine de l'islam
remonte à Muhammad Ibn Abdel Wahhâb
(1703-1787), théologien appartenant à la tradition
issue d'Ibn Hanbal (780-855), le fondateur de
l'école juridique (*madhhab*) la plus rigide du
sunnisme, et d'Ibn Taymiya (1263-1328) qui en
renforça encore le rigorisme et le littéralisme. Né
dans le Najd, au centre de la péninsule Arabique,
le jeune Abdel Wahhâb s'en fut étudier à Médine
puis en Irak et en Iran où sa confrontation avec
d'autres courants théologiques et juridiques ne fit
que renforcer ses convictions premières. Revenu
dans son Najd natal, il se mit à prêcher le retour à
un islam débarrassé de tout ce qu'il considérait

comme « innovation blâmable » (*bid'a*) pour pouvoir le restaurer dans sa pureté et sa simplicité premières. Les membres de la nouvelle communauté réunie autour de lui s'intitulèrent eux-mêmes « unitaires » (*muwahhidûn*) pour bien souligner leur attachement intransigeant au principe de l'Unité divine (*tawhîd*) et leur volonté de s'opposer à tout ce qui pouvait lui porter atteinte. Animé par la conviction profonde que leur mission était de rénover l'islam, la prédication des « puritains du désert » gagna bon nombre d'adhérents dans les populations arabes sédentaires et nomades, leur imposant des croyances simplifiées assorties d'un code moral d'une rigidité extrême.

En voici quelques-unes des règles les plus importantes :

— toute adoration d'un objet autre que Dieu — Allâh — est coupable et doit être punie de mort ;

— les hommes ne sont pas de vrais croyants monothéistes aussi longtemps qu'ils cherchent à gagner la faveur divine par des pratiques entachées de polythéisme et réprouvées par le Coran telles que les visites de tombeaux de saints ;

— il y a polythéisme (*shirk*) dans le fait d'introduire le nom d'un prophète, d'un saint ou d'un ange dans la prière ;

— c'est péché de mécréance (*kufr*) que de professer une connaissance non basée sur le Coran, la *Sunna* (tradition) du Prophète ou les déductions nécessaires de la raison ;

— est également assimilable à la mécréance la pratique du *ta'wîl*, interprétation symbolique ou ésotérique du Coran.

Le style de vie accompagnant l'application de ces préceptes devint, et demeure, extrêmement austère. La participation aux prières communes dans les mosquées fut imposée par des mesures policières ; outre l'interdiction de l'alcool qui est

coranique et allait donc de soi, l'usage du tabac fut
proscrit sous peine du fouet et certains oulémas
allèrent jusqu'à condamner le café et le thé; des
sanctions se mirent à frapper d'autres comporte-
ments jugés en désaccord avec la morale wahhabite, comme le fait de se raser la barbe ou de tenir
des propos malsonnants.

En toutes choses le wahhabisme fit prévaloir un
littéralisme étroit, notamment dans l'application
de la Loi traditionnelle (*sharî'a*) et des peines
corporelles qu'elle comporte. Il s'opposa non
seulement à des pratiques populaires telles que la
vénération des saints, mais au soufisme, dont les
organisations furent proscrites, et à toute expression de mysticisme.

Cette forme d'islam purifié — simplifié ou
plutôt desséché comme des musulmans pieux s'en
plaignirent souvent — ne pouvait manquer de
susciter de fortes oppositions chez nombre de
théologiens qui jugèrent hérétique l'extrémisme
d'Abdel Wahhâb. Mais celui-ci parvint à gagner à
sa cause l'émir Muhammad Ibn Saoud, chef
héréditaire d'une principauté du Najd. Grâce à
cet appui temporel efficace, le wahhabisme fit son
entrée sur la scène militaire et politique du
Proche-Orient.

Dans les premières années du XIXᵉ siècle, Abd
al-Azîz, fils et successeur de Muhammad Ibn
Saoud, animé par la volonté de faire prévaloir au
près et au loin les principes wahhabites de
manière à purifier l'islam et à lui rendre sa gloire
d'antan, partit en campagne, entraînant ses guerriers dans l'une des aventures les plus étonnantes
que l'Arabie ait vécues depuis le temps du
Prophète et des premiers califes.

Remportant des succès militaires foudroyants,
Abd al-Azîz se rendit maître de presque toute
l'Arabie, avec La Mecque, Médine, le Hedjaz et le
Yémen. Puis il fonça vers le nord, menaçant

Bagdad, Damas, et poussant des pointes jusque sous les murs d'Alep. Il y avait de quoi inquiéter le calife ottoman qui fit appel, contre la nouvelle puissance guerrière surgie du désert, à l'armée récemment modernisée de son vice-roi d'Égypte. Ce fut le fils de celui-ci, Ibrahim pacha, qui, après une campagne pénible, finit par avoir raison des troupes wahhabites et de leur chef, Abdallah Ibn Saoud, lequel, fait prisonnier, fut livré au calife qui le fit décapiter à Istanbul. L'État saoudite et wahhabite paraissait définitivement abattu, mais il laissait dans la conscience arabe le souvenir d'une épopée démontrant que les musulmans étaient encore capables des plus grands exploits à condition de se laisser guider par leur foi.

Cependant, moins d'un siècle plus tard, devait se produire une renaissance éclatante sous l'impulsion d'un autre Abd al-Azîz, le fondateur de l'actuel royaume d'Arabie Saoudite que les Occidentaux appellent couramment Ibn Saoud. De nouveau la ferveur religieuse des guerriers wahhabites fut le moteur de la réussite militaire et politique qui permit à ce chef d'une envergure exceptionnelle d'établir son pouvoir sur la plus grande partie de la péninsule Arabique et en particulier sur les plus importants des Lieux saints de l'Islam (1926).

L'État saoudien fit prévaloir la rigueur puritaine du wahhabisme dans l'ensemble de son nouveau domaine, en particulier à La Mecque et à Médine, et, partout, proscrivit toutes les pratiques jugées non conformes à l'islam le plus pur, faisant détruire tous les tombeaux de saints, sans égard pour les valeurs culturelles souvent irremplaçables qui disparurent alors. En même temps il restaura l'application littérale de la *Sharî'a* sous sa forme hanbalite la plus stricte, notamment en matière pénale. Entre autres châtiments, les tribunaux soumirent adultères et buveurs d'alcool à la flagellation publique, les bandits et assassins à la décapitation et les voleurs à l'amputation de la main, punition terrible assurément, mais d'une indiscutable efficacité. L'ordre et la sécurité régnèrent désormais en Arabie Saoudite mieux que dans la plupart des pays d'Orient et d'Occident.

Les autorités saoudiennes imposèrent à toute la population une austérité semblable à celle qui avait régné dans le premier État wahhabite au début du XIXe siècle, mais dans un contexte très différent du fait de l'intrusion des techniques modernes. De nombreux déséquilibres et contradictions en résultèrent. Furent, par exemple, interdites les salles publiques de cinéma, mais on se mit à projeter des films dans maintes résidences privées où, dans bien d'autres domaines encore, n'étaient pas forcément appliqués dans leur intégralité les préceptes de la morale officielle. Dès lors pareil extrémisme en matière de mœurs ne pouvait manquer de conduire à une certaine hypocrisie ou à des situations paraissant absurdes dans le monde d'aujourd'hui. Ainsi les femmes sont confinées dans une stricte ségrégation leur refusant, entre autres choses, le droit de travailler dans des locaux employant des hommes, d'utiliser les mêmes ascenseurs ou simplement de se mettre au volant d'une voiture. Il est vrai que l'application de ces règles rigoristes tend à s'assouplir légèrement depuis quelques années, mais en principe, le wahhabisme maintient toutes ses positions.

Cette forme d'islam n'a pas vraiment fait école en dehors de l'Arabie et aucun régime politique n'a prétendu le mettre en pratique comme le royaume saoudien. Pourtant le wahhabisme garde du prestige dans les milieux réformistes de bien des pays musulmans où il a exercé une influence non négligeable par l'intermédiaire des pèlerins venus accomplir le *hajj* aux Lieux saints de l'Islam. Il n'est en tout cas pas étranger aux tendances formalistes et littéralistes, sinon desséchantes, qui se manifestent fréquemment dans les mouvements de réveil avec lesquels il partage son opposition au soufisme et à toute forme de mysticisme. Depuis que le pétrole l'a rendu maître de la formidable puissance économique et financière que l'on sait, le gouvernement saoudien est capable d'encourager concrètement ces tendances et ne manque pas de le faire chaque fois que cela peut servir ses intérêts.

Toutefois la situation s'est compliquée depuis que le mouvement « islamiste », ou du moins son aile « gauche » si on peut user de cette désignation d'origine occidentale, a pris des positions franchement hostiles à l'Amérique, à laquelle l'Arabie Saoudite est attachée par tant de liens. Ces milieux extrémistes ne critiquent certes pas l'austérité wahhabite comme telle, mais bien la dynastie régnante et avec elle tout le régime accusé d'avoir dévié de sa voie et de s'être mis à la solde de l'impérialisme américain.

De tels griefs figuraient parmi les motivations des conjurés qui, le 20 novembre 1979, occupèrent les armes à la main le *Haram* de La Mecque, sanctuaire le plus sacré de l'Islam, et dont le chef se proclama *Mahdî*. Il s'est agi là d'un événement d'une gravité inouïe et le monde musulman tout entier en a ressenti la secousse. Il a permis de comprendre que, désormais, certaines forces agissant sous le couvert de l'« islamisme » sont résolues à ne reculer devant rien pour provoquer les bouleversements correspondant à leurs idéaux révolutionnaires. Les violences du régime khomeiniste en Iran et l'assassinat du président égyptien Sadate furent de la même inspiration.

Le wahhabisme représente sans doute un aspect important de la *Salafiya*, mouvement qui s'est voulu retour à la religion des anciens, mais le terme est surtout utilisé pour désigner le vaste courant intellectuel issu de deux figures dominantes du réformisme musulman, Djamal ed-Dîn Afghânî (1839-1897) et Muhammad Abduh (1849-1905). Leur influence aura été décisive, en réalité non pour restaurer l'islam des *salaf*, les grands ancêtres, mais pour l'ouvrir au modernisme. Elle n'a pas fini de produire ses effets.

Afghanî, Persan natif de l'Afghanistan, eut une existence fort agitée au cours de laquelle il fit des séjours prolongés notamment en Inde, à Istanbul, au Caire, où il noua des liens étroits avec l'université Al-Azhar, en Iran, mais aussi en Europe où il semble avoir été affilié à la franc-maçonnerie. A Paris il se signala dans la presse par une mémorable polémique avec Renan sur l'islam et la science. Il y fonda en outre une revue en arabe, *Al-urwat al-wuthka* (litt. « l'anse la plus solide », expression coranique) qui paraît toujours un siècle plus tard. A Londres, où une autre revue fut fondée à son initiative, il lança une violente campagne contre le chah de Perse et son gouvernement dont il avait connu les prisons lors d'un précédent séjour à Téhéran, de sorte que, quelques années plus tard, après l'assassinat du souverain, il fut accusé d'avoir dirigé la main du meurtrier. Il termina sa vie orageuse à Istanbul où l'avait attiré le sultan Abdel Hamîd qui escomptait un bénéfice politique de sa présence à la cour ottomane. Mais la mésentente surgit bientôt entre les deux hommes et Afghânî, malade, n'était qu'en semi-liberté au moment de sa mort.

Djamal ed-Dîn Afghânî ressentait autant que les wahhabites l'urgence d'épurer l'islam en le débarrassant des scories accumulées par les siècles, mais il avait conscience à un plus haut degré du défi que lui posait l'Occident moderne et ne cessa de chercher les moyens les plus propres à y répondre. Il écrivit une *Réfutation des matéria-listes* mais soutint également que l'islam était compatible avec les idées modernes et s'accommodait de toutes les innovations techniques de la civilisation occidentale. Il ne reprochait certes pas aux peuples européens de l'avoir développée, mais bien de l'utiliser, par haine de l'Islam, à des fins impérialistes. Pour y faire face il en appelait à des idéaux panislamiques transcendant les divergences entre sunnites et chiites, en même temps que, sur le plan social et politique, il préconisait des idées libérales et démocratiques à ses yeux en accord avec la doctrine et les principes musulmans.

Par son activité intense et par le rayonnement de sa personnalité, Afghânî exerça une influence considérable sur les milieux intellectuels de maints pays d'Islam et son œuvre aura été l'une des grandes sources d'inspiration, non seulement du réformisme religieux, mais des courants politiques nationalistes qui se sont développés dans ces pays depuis un siècle. Il demeure une figure dominante de la *Salafiya* et on a pu dire sans exagérer qu'il a donné un nouveau départ à la pensée islamique.

Ami et disciple numéro un d'Afghânî, le cheikh égyptien Muhammad Abduh n'a pas cessé depuis un siècle d'exercer dans le monde musulman une influence pour le moins égale à la sienne. Professeur et publiciste, il propagea ses idées réformistes par la parole et par la plume, ne craignant pas, à l'occasion, de participer à l'action politique. C'est ce qu'il fit en 1882 lors de la révolution manquée d'Arabî pacha et cela lui valut une période d'exil. Il en profita pour rejoindre Afghânî, son maître, à Paris où il noua de nombreux contacts et compléta sa connaissance de l'Occident moderne. En 1888, il put regagner Le Caire où il allait faire une brillante carrière dans la magistrature, parvenant au sommet de la hiérarchie quand il fut nommé grand mufti d'Égypte. Cela lui permit d'introduire dans la pratique de la justice une série de nouveautés toujours inspirées par le souci d'adapter le droit musulman aux exigences de la modernité. En tant que membre du conseil d'Al-Azhar, il fut le principal artisan de la révolution que fut pour la vénérable université l'introduction de disciplines procédant de la science moderne.

Une idée maîtresse d'Abduh est que l'on peut être à la fois homme moderne et bon musulman. Il estimait que l'islam devait être revivifié à la fois en faisant retour à la pureté de la religion des *salaf*, les anciens, et en le réinterprétant à la lumière des connaissances modernes. Peu enclin à la métaphysique et au mysticisme, il soulignait le caractère raisonnable de l'islam et, par exemple, affirmait : « En cas de conflit entre la raison et la tradition, c'est à la raison de trancher. » Particulièrement urgente lui paraissait la nécessité de mettre en accord religion et science, et il écrivait : « La destinée du monde ne sera accomplie que lorsque la science et la religion fraterniseront, comme le veulent le Coran et la sagesse, et c'est alors que Dieu aura complété sa lumière *. »

Le cheikh Abduh, qui était acquis aux idéaux progressistes et optimistes qui dominaient alors la pensée occidentale, avait une attitude très tolérante et libérale envers les autres religions, le christianisme en particulier. Peut-être a-t-il été moins suivi sur ce dernier point que sur d'autres, mais, de façon générale, son œuvre, complétant et même dépassant celle d'Afghânî, aura été d'une immense importance et ses prolongements sont perceptibles jusque dans les mouvements acti-

* Cité par Haïdar BAMMATE, *Visages de l'Islam,* Payot, 1958.

vistes de tendances diverses qui participent à l'actuel « réveil » de l'Islam.

Les deux grands maîtres de la *Salafiya* ne manquèrent pas de continuateurs en Égypte et au-delà. Le plus marquant fut Rachid Rida (1864-1935), théologien originaire de Tripoli du Liban, qui se prit d'enthousiasme pour les idées de Muhammad Abduh et vint le rejoindre au Caire. Il y fonda une revue, *Al-Manar* (Le Phare), et en fit la tribune du réformisme moderniste et panislamique.

Centré sur l'Égypte, le mouvement *salafî* gagna désormais l'adhésion de maints intellectuels du monde arabe, notamment en Afrique du Nord. Illustré par des personnalités comme Fadhel Ben Achour en Tunisie, Abdelhamid Ben Badis en Algérie ou Allal al-Fassi au Maroc, il contribua de façon décisive à définir la perspective idéologique de la lutte pour l'indépendance.

A l'orient du vaste domaine de l'Islam, en Inde principalement, s'était parallèlement développé un mouvement de réforme en réaction à l'envahissement occidental dont l'impérialisme britannique était le principal instrument. Ses premières manifestations étaient apparues dès le XVIIIe siècle et témoignèrent parfois d'influences wahhabites. Mais c'est à partir de la deuxième moitié du siècle suivant, alors que la domination anglaise semblait installée pour longtemps, sinon de manière définitive, que se signalèrent les personnalités les plus marquantes du réformisme musulman sous sa forme indienne.

Au premier rang de ces réformistes figure Sayed Ahmad Khan (1817-1898) qui faisait précéder son nom du titre de « sir », signe des bonnes relations qu'il entretenait avec le pouvoir britannique. Il estimait en effet que les musulmans devaient s'accommoder de la situation politique et renoncer à une opposition qui ne pouvait qu'affaiblir encore leur condition de minoritaires face à la majorité de religion hindoue. Et c'est dans l'intention de doter ses coreligionnaires de meilleures armes intellectuelles pour répondre aux défis des temps modernes qu'il fonda le « Collège anglo-oriental », future université islamique, d'Aligarh. En fait la célèbre institution devint un centre de la pensée nationaliste musulmane en Inde et c'est là que devaient recevoir leur formation plusieurs des fondateurs du Pakistan. A l'influence modernisante de sir Sayed Ahmad Khan vint s'ajouter celle de Sayed Amir Ali (1849-1928) qui, dans un excellent anglais, se fit le porte-parole d'un islam progressiste se proposant de combiner harmonieusement ses valeurs propres avec les grands idéaux humanistes de l'Occident.

Cependant le plus illustre et le plus influent des réformistes musulmans de l'Inde aura été sir Muhammad Iqbal (1873-1938) dont l'immense talent de poète (en persan et en ourdou) contribua largement à la diffusion de son œuvre philosophique (en anglais). Celle-ci, malgré les réserves sérieuses qu'elle suscita dans les milieux d'orientation plus traditionnelle, allait exercer une influence considérable, notamment sur le plan politique, et c'est elle qui, énonçant pour la première fois l'idée et le nom du Pakistan, aura été l'une des principales sources où les fondateurs de l'État musulman trouvèrent leur inspiration.

Après de brillantes études à Lahore, Iqbal partit pour l'Europe et, dans les premières années du siècle, suivit les cours de philosophie des universités de Cambridge, Heidelberg et Munich. Il y fut fort influencé par le néo-hégélianisme et par la pensée de Nietzsche, ainsi que ses écrits ultérieurs en témoignent. Il devait aussi se sentir attiré, mais non sans réserve, par l'œuvre de Bergson qu'il tint à venir voir à Paris quelques années avant sa mort. Il fut, de la sorte, tout imprégné de pensée occidentale moderne, ce qui avait déjà été le cas de maints autres intellectuels musulmans, mais, chez lui, cela, se combinant avec une sensibilité poétique demeurée authentiquement orientale, devait beaucoup contribuer à accréditer ses idées novatrices dans le monde musulman.

Le spectacle du déclin de l'Islam l'affectait profondément et il en rendait responsable l'oubli de ses grands principes allant de pair avec une mauvaise compréhension de ses enseignements, comme la tendance au quiétisme développée par les soufis lui semblait en offrir un exemple. Le véritable esprit de l'Islam, selon lui, n'est pas statique, mais dynamique et il soulignait l'urgence, pour le guérir de ses maux, de le rétablir dans un mouvement d'évolution créatrice, ce qu'il n'envisageait pas sans accepter de prendre des leçons de modernité en Occident.

L'un des ouvrages d'Iqbal le plus largement diffusé dans son pays et à l'étranger est *Reconstruire la pensée religieuse de l'Islam* qui a également paru en édition française *. Ce titre est très révélateur : l'auteur part de l'idée implicite que la pensée spécifiquement musulmane est en ruine et ne saurait être restaurée qu'en recourant à des apports extérieurs. Il estimait que les concepts théologiques anciens, «qui se revêtent de la terminologie d'une métaphysique pratiquement morte», ne sauraient plus être d'aucune aide et ajoutait : « La seule voie qui s'offre à nous, c'est de nous approcher des connaissances modernes avec une attitude respectueuse, mais indépendante, et d'apprécier les enseignements de l'islam à la lumière de ces connaissances... »

* M. IQBAL, *Reconstruire la pensée religieuse de l'Islam*, Adrien-Maisonneuve, 1955.

Tout en engageant ses coreligionnaires à prendre les leçons de l'Occident, Iqbal ne manquait pas, à l'occasion, de le critiquer vertement, lui reprochant son matérialisme et plus encore son impérialisme. Pour y faire face, il préconisait le retour aux valeurs morales qui inspiraient la première communauté musulmane fondée par le Prophète à Médine, modèle de l'État islamique qu'il rêvait de reconstituer. Cet État, il l'entrevoyait évidemment fondé sur la *Sharî'a*, la Loi révélée, et il voulait aussi qu'y règnent l'égalité et la fraternité, idéaux éminemment islamiques. Il acceptait dès lors la notion moderne de démocratie, estimant que l'Islam l'avait mise en pratique à ses débuts, mais qu'il s'en était écarté à mesure que son pouvoir politique s'étendit dans le monde. Ouvert aux idéologies modernes où il voulait toujours voir des points d'accord avec les grands principes musulmans, il exprima sa sympathie pour les théories socialistes et, sans bien le connaître, parlait du marxisme avec éloge.

L'œuvre d'Iqbal qui, du fait de son double caractère philosophique et poétique, semblait réconcilier modernisme et tradition, eut de vastes répercussions dans le monde musulman, contribuant à le rendre encore plus perméable aux influences modernisantes de l'Occident. Elle a ouvert la voie à plusieurs des courants « revivalistes » actifs dans les sociétés islamiques d'Orient et leur a fourni la plupart des ingrédients composant leurs idéologies.

Parmi ces courants, on ne saurait manquer de mentionner celui dont le célèbre Maulana Abul Ala Maududi (1903-1979) a été le principal animateur. D'abord rédacteur d'un obscur périodique musulman de l'Inde britannique, Maududi fut tiré de l'ombre par Iqbal qui, en 1937, lui confia la direction d'un institut d'études islamiques au Pendjab. Pourtant de sérieuses diver-

gences d'opinion existaient entre les deux
hommes. Elles n'eurent pas le temps de se
concrétiser, le poète-philosophe étant décédé peu
après. Le Maulana développa dès lors sa propre
doctrine «néo-fondamentaliste» dans une série
d'écrits qui furent accueillis avec empressement
par la classe moyenne musulmane du sous-
continent indien puis de plusieurs autres pays.

La pensée de Maududi se veut, comparée à
celle d'Iqbal, moins ouverte aux influences
modernes d'origine occidentale et plus fidèle à la
lettre de la Révélation, en particulier en ce qui
concerne la Loi traditionnelle (*Sharî'a*) et son
application. Néanmoins, considérée objective-
ment, elle reste imprégnée d'une forte dose de
modernisme, ainsi lorsqu'elle présente l'islam
comme «troisième voie entre le capitalisme et le
communisme». Sa fameuse théorie de l'État
islamique, qui préconise un système de gouvernement «théo-démocratique», en témoigne également et a fait dire à ses contradicteurs qu'il n'y
avait là que redondances et utopie étrangère aux
réalités humaines de ce temps.

Utopique ou non, l'idéologie de Maududi
correspond aux sentiments et aspirations de
vastes milieux du monde de l'Islam qui ont
cherché à la traduire sur le plan politique. Elle a
été l'inspiratrice de la *Jamaat-i Islami*, parti
toujours actif au Pakistan où il a contribué
largement à réaffirmer le caractère islamique de
l'État. Ailleurs, en Égypte notamment, cette
œuvre a rencontré la pleine approbation des
Frères musulmans et surtout du théoricien de
leur aile extrémiste, Sayyid Qutb, qui la cite
fréquemment. De façon générale, elle reste l'une
des grandes références de tous les activistes pour
qui le réveil de l'Islam équivaut avant tout à la
quête du pouvoir.

V

Le mouvement des Frères musulmans et ses prolongements

Aucun mouvement n'aura sans doute fait sentir plus fortement son influence sur ce qu'on appelle le « réveil islamique » que celui des Frères musulmans (*al-ikhwân al-muslimûn*) fondé en 1928 en Égypte par le cheikh Hassan al-Bannâ (1906-1949). Ce courant, toujours actif et puissant malgré tous les obstacles qu'on lui a opposés et les persécutions qu'on a fait subir à ses membres comme sous Nasser, sut, mieux que tout autre, exprimer et cristalliser les tendances et aspirations de vastes couches de la population, surtout de la moyenne et petite bourgeoisie, ainsi que de la jeunesse déçue par les régimes en place. Son emprise s'est traduite chez ses adhérents par un renforcement de leur foi dans les capacités de l'islam de répondre à tous les défis de la modernité et leur aura rendu le sens d'une mission exaltante à accomplir dans le monde d'aujourd'hui.

Rayonnant à partir de l'Égypte un peu comme l'avait fait avant lui la *Salafiya* des Afghânî et des Abduh, le mouvement des Frères musulmans, qui s'inscrit directement dans la ligne tracée par ces grands prédécesseurs, a essaimé parmi les peuples arabes et islamiques récemment émancipés de la domination coloniale, y suscitant beaucoup d'enthousiasmes et d'espoirs. En même temps il aura été à l'origine des groupes activistes dénommés « islamistes », « intégristes » ou « fondamentalistes » qui sont cause d'effervescence dans bien des régions du monde musulman et dont certains, à l'occasion, n'hésitent pas à recourir à la violence et à user de méthodes terroristes.

Le fondateur et « guide général » (*murshid al-'âmm*) des Frères musulmans, Hassan al-Bannâ, n'était pourtant pas un extrémiste exalté et partisan de l'action violente, mais d'abord un prédicateur religieux, un « revivaliste » comme on dirait dans le christianisme protestant, résolu à réagir contre l'abaissement de l'Islam dû aux influences occidentales et, pour cela, à faire directement appel à la piété populaire. Son père, fonctionnaire dans un district rural voisin d'Alexandrie et imam d'une mosquée de village, était un homme instruit qui, à l'université Al-Azhar, avait fréquenté les cours du célèbre cheikh Muhammad Abduh dont il transmit les idées au jeune Hassan. Cela n'empêcha pas celui-ci de s'imprégner également d'islam traditionnel et, en particulier, d'adhérer à l'une des confréries soufiques qui abondent en Égypte tant à la ville qu'à la campagne. Il reçut une éducation soignée et partit au Caire étudier à la « Maison des Sciences » (*Dâr al-'ulûm*), l'un des centres de la pensée *salafî*, où avait enseigné le cheikh Rachid Rida et où lui-même renforça ses convictions réformistes en les teintant de nationalisme. Car l'occupation britannique, à cette époque, suscitait beaucoup d'animosité, surtout parmi la jeunesse qui voyait dans cette présence étrangère une intolérable humiliation infligée à la nation musulmane.

Devenu enseignant du degré secondaire à Ismaïliya, Hassan al-Bannâ s'y trouva directement confronté avec le personnel militaire anglais et avec l'administration, également étrangère, du

canal de Suez. Sa réaction face à cet environne-
ment occidental et colonial fut de réaffirmer son
islam par la parole et par l'action. Il réunit alors
autour de lui quelques coreligionnaires parta-
geant sa ferveur et ses convictions. Ainsi vit le jour
en 1928 l'Association des Frères musulmans, au
début modeste groupement de camarades animés
par la volonté commune de lutter contre la
dégradation de l'islam et de travailler à son
renouveau. Le « message » (*da'wa*) qu'ils se
mirent à répandre autour d'eux éveilla tout de
suite de profondes résonances dans la population
de la ville, et l'Association ne tarda pas à recruter
de nombreux « Frères » résolus à agir, selon la
formule traditionnelle, pour « le commandement
du bien et le rejet du mal ».

Dès le début le cheikh Hassan al-Bannâ s'était
rendu populaire grâce à ses dons d'orateur, mais il
y ajoutait un remarquable talent d'organisateur,
et tout cela eut pour effet d'attirer sur lui
l'attention de divers milieux que les historiens,
après un demi-siècle, ne s'accordent pas à désigner nommément. Toujours est-il que son Association, à laquelle la presse fit une certaine
publicité, ne resta pas longtemps confinée à
Ismaïliya. En 1932, année où Bannâ vint s'établir
au Caire, elle comptait déjà une quinzaine de
sections et, en 1938, trois cents dans toute
l'Égypte.

Le « guide général » était désormais pleinement
engagé sur la scène politique où, appuyés par une
propagande efficace, les Frères musulmans appa-
raissaient comme une force montante et de plus
en plus redoutable. Il est impossible de ne pas voir
dans la progression de l'Association un certain
parallélisme avec les mouvements nationalistes et
plus ou moins fascistes qui, à la même époque,
prenaient un tel essor en Europe, mais, évidemment, en tenant compte de la spécificité du milieu

culturel islamique. Ainsi le credo des Frères
musulmans adopté à leur congrès de 1935 s'ouvre
sur l'affirmation d'une foi transcendante qui
n'avait plus cours de la même manière en Occident mais qui était — et demeure — indispensable pour mobiliser des peuples orientaux :

Je crois que toute chose revient à Dieu, que notre
maître Muhammad — que la bénédiction de Dieu soit
sur lui — est le dernier des prophètes envoyé à tous les
hommes, que le Coran est le livre d'Allâh, que l'islam
est une loi générale de l'ordre du monde et de l'au-
delà...

Ce texte, sorte de charte fondamentale du
mouvement, fait obligation à chaque Frère de
s'acquitter strictement de ses devoirs religieux et
de respecter tous les préceptes éthiques de l'islam,
notamment dans le cadre de la famille et de
l'éducation des enfants. Le point 5, particulièrement exaltant, déclare :

Je crois que le musulman a pour devoir de faire
revivre la gloire de l'Islam par la renaissance de ses
peuples et la restauration de sa législation. Je crois que
le drapeau de l'Islam doit dominer l'humanité et que le
devoir de tout musulman consiste à éduquer le monde
selon les règles de l'islam. Je m'engage à lutter tant que
je vivrai pour réaliser cette mission, et à lui sacrifier tout
ce que je possède.

Après avoir affirmé que tous les croyants de
l'Islam ne forment qu'une seule nation et doivent
s'engager à renforcer leurs liens de fraternité, le
credo ajoute cette proposition qui le situe exactement dans la ligne de la *Salafiya* des Afghânî et
des Abduh :

Je crois que le secret du retard des musulmans réside
dans leur éloignement de la religion, que la base de la

réforme consistera à faire retour aux enseignements de
l'islam et à ses jugements, que ceci est possible si les
musulmans œuvrent dans ce sens *...

Ce credo a sans doute gardé toute son actualité
et continue à exprimer les grands idéaux et
ambitions animant les mouvements «islamistes»
toujours actifs en Égypte et ailleurs. Cependant
l'organisation des Frères musulmans a comporté
dès cette époque d'autres éléments qui furent loin
de tous apparaître au grand jour.

L'Association, en effet, a très vite constitué
parmi ses membres des cellules un peu à la
manière d'un parti révolutionnaire, puis, dans
une phase ultérieure, s'est dotée d'une organisation secrète comprenant des formations paramili-
taires. Ce caractère clandestin empêche naturellement de savoir avec précision quelles furent alors
ses activités, mais on peut supposer que, par cette
organisation, les Frères musulmans eurent des
relations plus ou moins étroites avec la plupart des
comploteurs politiques et militaires qui abon-
daient en Égypte dans les années d'après-guerre.
En tout cas Bannâ lui-même avait été en contact
avec plusieurs des «Officiers libres», Nasser et
Sadate notamment, qui préparaient la chute de la
monarchie et devaient assurer le succès de la
révolution de juillet 1952.

Mais auparavant son mouvement s'était développé jusqu'à devenir, avec plus d'un million
d'adhérents inscrits, l'une des premières forces
politiques d'Égypte. Il était aussi la plus comba-
tive ainsi qu'il l'avait déjà montré dans les années
1936-1939 par l'envoi de volontaires pour
appuyer la révolte des Palestiniens. Puis, lors de la
guerre de 1947-1948 contre Israël, les Frères

* Cité par Anouar ABDEL-MALEK, *La Pensée politique
arabe contemporaine*, Seuil, 1970.

musulmans égyptiens constituèrent des unités
militaires autonomes qui participèrent activement aux opérations, faisant preuve d'un courage
et d'une ténacité qui assurèrent leur renommée à
travers le monde arabe. En Égypte même, ils
menèrent de fréquentes actions de harcèlement
contre les Britanniques occupant la zone du canal
de Suez et, sur le plan intérieur, entretenaient
l'agitation dans les quartiers populaires et parmi
les étudiants. Ayant établi leur responsabilité
dans plusieurs émeutes et attentats sanglants, le
gouvernement décréta le 6 décembre 1948 la
dissolution de leur association. Trois semaines
plus tard, un Frère de vingt-trois ans abattait le
premier ministre Noqrachi pacha.

Bannâ était résolument opposé à de telles
violences, mais ne parvenait plus à les contenir.
Le 2 février 1949, il était lui-même assassiné,
probablement par un policier.

Les Frères musulmans étaient, une première
fois, rejetés dans la clandestinité, mais restaient
actifs et gardaient leur influence. La force politique qu'ils continuaient à représenter malgré leur
interdiction incita le pouvoir à user de ménage-
ments envers eux et, dès 1951, à les autoriser à
réapparaître publiquement. Alors, pour rempla-
cer le «guide général» disparu, fut annoncée la
nomination du cheikh Hassan al-Hudaybi, sexa-
génaire passant pour modéré. Se fondant sur la
formule «Pas de secrets dans le service de Dieu,
pas de secrets dans le Message, ni de terrorisme en
religion » *, le successeur de Bannâ ne tarda pas à
déclarer dissoute l'organisation secrète, bien
qu'en réalité elle n'ait pas cessé d'exister, mais
sous une forme encore plus secrète.

Ces événements illustrent déjà la grande diver-

* Cité par Olivier CARRÉ et Gérard MICHAUD, *Les
Frères musulmans,* Gallimard-Julliard, 1983.

sité de tendances qui a toujours marqué le mouvement des Frères musulmans et qui le rend difficilement définissable. S'il se fonde sur une volonté commune de revivifier l'islam et de restaurer sa grandeur dans le monde, il n'y a jamais eu en son sein unanimité quant aux moyens de parvenir à ce but, les uns les voulant surtout persuasifs et pacifiques en vertu de la célèbre parole coranique «Pas de contrainte en religion» (II, 256), et d'autres admettant plus ou moins l'usage de la violence selon les circonstances, allant même parfois jusqu'à justifier le recours au terrorisme. Cependant modérés et extrémistes ont toujours été animés par le désir commun d'instaurer l'État islamique, grand idéal qui reste celui de tous les groupes «islamistes» à travers le monde.

Le coup militaire du 23 juillet 1952 qui permit à Nasser et aux «Officiers libres» de renverser la monarchie et de s'emparer du pouvoir se fit avec la pleine approbation des Frères musulmans qui, croyant l'heure venue de réaliser leur rêve d'État islamique, lui fournirent le soutien populaire indispensable à son succès. Cependant Nasser, qui avait d'autres ambitions, réussit, avec une habileté consommée, à les manœuvrer et à les diviser, se préparant à les abattre et à installer sa dictature sans partage.

Après une première série de mesures contre les Frères musulmans en janvier 1954, le grand coup leur fut porté en octobre de la même année à la suite d'un attentat manqué contre Nasser. Le coupable, selon la version officielle, était un jeune Frère musulman qui fit des aveux complets. Ce fut le signal d'une implacable répression.

Un millier de Frères furent arrêtés et jugés. Sept d'entre eux furent condamnés à mort, dont le cheikh Hudaybi qui, toutefois, vit sa peine commuée en emprisonnement à perpétuité. Les six autres furent pendus. Dans les prisons et camps de concentration que le gouvernement se hâta de faire aménager fut instauré un système de brutalités et de tortures qui, révélé après la disparition de Nasser, demeure la honte de son régime.

La persécution des Frères musulmans connut une nouvelle phase virulente dans les années 1965-1967, après qu'eut été révélé un prétendu complot. Près de dix-huit mille personnes furent alors arrêtées et internées dans les camps. De nouvelles exécutions eurent lieu, dont celle de Sayyid Qutb, le plus marquant des idéologues du mouvement après Bannâ.

Né en 1906, la même année que celui-ci, et enseignant comme lui, Sayyid Qutb était un homme cultivé qui avait été proche de milieux littéraires occidentalisés et assez peu «islamiques» du Caire. C'est en relation avec un stage pédagogique de 1948 à 1951 aux États-Unis qu'eut lieu sa «conversion» et qu'il revint à une stricte pratique de l'islam. Dès son retour en Égypte il adhéra à l'Association des Frères musulmans où ses dons d'écrivain lui valurent d'être placé à la tête de la section de la propagande. Nasser, dont il avait repoussé les avances, le fit arrêter fin 1954. A part huit mois de liberté, de décembre 1964 à août 1965, Qutb passa la fin de ses jours en camp de concentration. Les mauvais traitements ne lui furent pas ménagés, mais il parvint néanmoins à rédiger en détention quelques-uns de ses ouvrages les plus importants. Finalement, en août 1966, il était envoyé à la potence.

Martyr exemplaire, Qutb allait devenir plus influent mort que vivant. Il contribua grandement à radicaliser le mouvement des Frères musulmans par rapport à la ligne des cheikhs Bannâ et Hudaybi, renforçant son courant anti-occidental et ses tendances révolutionnaires. Dès 1949 il avait, dans un livre qui fut un grand succès (*Justice sociale en Islam*), développé le thème cher à tous les «islamistes» et autres activistes de son «réveil», selon lequel l'islam apporte toutes les recettes propres à résoudre les grands problèmes sociaux et politiques de notre temps. Ses ouvrages suivants insistent sur la nécessité de changer la société, d'accomplir une véritable révolution pour rendre possible la restauration de l'Islam, car «l'établissement du règne de Dieu sur terre ne se fait pas avec des prêches et des discours».

Dans *Signes de piste*, sorte de guide idéologique de l'aile radicale et «gauchiste» du mouvement «islamiste» arabe, il s'en prend assurément à l'Occident capitaliste dont il relève la banque-route, mais souligne surtout que, de nos jours, le monde entier vit dans la *jâhiliya*, état d'ignorance comparable à celle de l'époque antéislamique. Les pays musulmans eux-mêmes, qui se laissent si profondément influencer par les idées et usages de l'Occident mécréant, n'y échappent pas, et leurs dirigeants ne sont bien souvent que des impies et des renégats que Qutb désigne à la vindicte des véritables croyants dont le devoir est d'instaurer l'ordre islamique ici-bas.

Écrivant dans un camp d'internement où il fut fort maltraité, Qutb était évidemment enclin à regarder ses tortionnaires et leurs chefs comme des agents de la *jâhiliya*, comme des ennemis de l'islam authentique, et, parmi les Frères musul-mans qui eurent tant à souffrir des persécutions de Nasser, il y en eut beaucoup qui furent naturellement amenés à partager son point de vue. Cependant le fait de prétendre voué à la *jâhiliya*, c'est-à-dire de déclarer non musulman, le gouvernement d'un État officiellement musul-man était un acte grave et lourd de conséquences.

Il fut aisé aux cheikhs d'Al-Azhar et oulémas

officiels de réfuter l'argumentation de Sayyid Qutb en faisant valoir qu'il n'avait aucune qualité pour déclarer sortis de l'islam des gens qui en professaient les croyances, et qu'il était inadmissible de recourir à la notion coranique de *jâhiliya* dans le contexte politique actuel. En appelant au *jihâd* contre les dirigeants d'un pays musulman, l'écrivain, relevaient-ils, ne faisait que semer la haine et déclarer la guerre à tous ceux qui ne pensaient pas comme lui. Réaction plus significative encore, le cheikh Hudaybi et les dirigeants de l'Association des Frères musulmans, auxquels la mort de Nasser devait permettre de se manifester de nouveau au grand jour, se désolidarisèrent nettement de la tendance représentée par Qutb et de ses appels à l'action violente. Dans leur opinion, la lutte contre l'ignorance doit recourir à des moyens pacifiques visant à inculquer aux hommes la vérité de l'islam et à les conduire par la persuasion à instaurer un ordre qui lui soit conforme.

La ligne dure de Qutb continua néanmoins de séduire bon nombre de musulmans égyptiens, surtout de la jeune génération, avant de gagner des partisans dans d'autres pays. De cette différence de tendances a résulté une scission de fait au sein du mouvement né de l'initiative de Hassan al-Bannâ. Désormais se trouvent d'un côté les « réformistes » acceptant de limiter leur action à la propagande et à la prédication, et de l'autre les « révolutionnaires » favorables à ce que Qutb avait appelé le « mouvement » (*haraka*), lequel n'exclut pas le recours à la violence.

Du côté des « révolutionnaires », l'idée que l'ordre établi n'est que *jâhiliya* et doit donc être supprimé pour faire place à l'État islamique devait logiquement les conduire à la clandestinité. C'est effectivement ce qui s'est produit, d'abord en Égypte puis dans d'autres pays, la Syrie et le

Liban en particulier, où se formèrent divers groupes — qui ne sont pas seulement des groupuscules mais réunissent apparemment de nombreux sympathisants parmi la jeunesse, surtout dans les universités — se réclamant de la pensée de Sayyid Qutb mais réduits en fait au rôle de comploteurs et de terroristes. S'enfermant dans un sectarisme étroit et fanatique, ils se considèrent comme investis de la mission sacrée de lutter pour rétablir le règne de l'islam et prononcent l'anathème (*takfîr*) contre le pouvoir en place et ses agents. En même temps ils entendent se différencier complètement de l'état de *jâhiliya* que représentent les sociétés et les régimes actuels, et, pour cela, prétendent s'en retirer en imitant l'émigration (ou « hégire », *hijra*) du Prophète de La Mecque à Médine. L'un des plus remuants de ces groupes, qui s'intitulait lui-même « Association des Musulmans » et avait constitué une sorte de contre-société, était connu de l'opinion égyptienne précisément sous le surnom *Al-takfîr wa'l-hijra* *. Il s'est signalé par une série de violences et de crimes dont, en 1977, l'assassinat d'un ancien ministre des Biens religieux.

L'agitation « islamiste » a été — et est sans doute encore — entretenue en Égypte par plusieurs autres groupes extrémistes animés par une semblable idéologie. Le plus notoire, appelé *Al-Jihâd* (« La guerre sainte »), est celui qui, le 6 octobre 1981, assassina le président Anouar al-Sadate considéré non seulement comme la personnification du pouvoir impie et usurpateur, mais comme coupable du crime honteux d'avoir fait la paix avec Israël, ennemi numéro un de l'Islam et des Arabes. Si l'événement, contraire-

---

* Gilles KEPEL, *Le Prophète et Pharaon*, La Découverte, 1984.

ment à l'attente des comploteurs, n'a pas fait
basculer l'Égypte dans la révolution islamique, il
aura constitué un très sérieux avertissement pour
maints chefs d'État et dirigeants de pays musulmans qui, désormais, se savent constamment
menacés.

Une aile plus modérée des Frères musulmans,
on l'a vu, avait refusé de suivre la ligne tracée par
Sayyid Qutb et conduisant à l'action violente,
préférant travailler à la restauration de l'islam par
les moyens plus pacifiques de la *da'wa*, c'est-à-
dire intensifier la diffusion du Message par la
parole et par la plume. Les partisans de cette
tendance réformiste ont fait paraître plusieurs
publications, dont la revue mensuelle intitulée
précisément *Al-Da'wa* a exercé une influence
considérable sur certains milieux intellectuels et
sur la jeunesse universitaire. Mais c'est par
l'usage direct de la parole que le message des
Frères semble avoir surtout progressé et éveillé le
plus de résonances dans les populations de la
vallée du Nil et d'autres terres arabes.

Plusieurs prédicateurs se sont illustrés à cet
égard, mais aucun ne s'est fait une réputation
comparable à celle du cheikh Abd al-Hamid
Kichk dont la verve aura remué d'innombrables
consciences musulmanes entre l'Irak et le Maroc.
Né de parents modestes en 1903 dans une bour-
gade du Delta, il fut, dès sa sortie de l'enfance,
atteint du trachome, maladie très répandue dans
la campagne égyptienne, qui, comme à tant
d'autres, devait lui ôter l'usage de la vue. Il fit
néanmoins, grâce à son application et à son
excellente mémoire, de brillantes études de théo-
logie à l'université Al-Azhar et devint imam d'une
mosquée du Caire. L'éloquence émotionnelle et
fougueuse du jeune cheikh aveugle attira très vite
de grandes foules à ses sermons du vendredi dans
lesquels il exposait sans trop de précautions les

grandes idées religieuses et politiques chères à Hassan al-Bannâ et aux Frères musulmans. Cela lui valut d'être arrêté une première fois en 1966 par la police de Nasser et de subir en détention des mauvais traitements dont son corps a gardé les stigmates.

Libéré au bout de deux ans, il put se remettre à prononcer ses sermons du vendredi que suivaient des auditoires toujours plus compacts. Il fallut disposer des haut-parleurs dans tout le quartier alentour et même agrandir la mosquée. De nouveau arrêté peu avant l'assassinat de Sadate qui le regardait comme un dangereux agitateur, il sortit de prison au début de 1982 et, depuis lors, le gouvernement du président Moubarak semble avoir cherché à tirer parti de sa popularité. Lui-même n'a plus fait d'esclandre, mais sa renommée n'a pas cessé de croître et il est devenu une sorte de personnification du discours « islamiste » et de sa puissance oratoire.

Il est vrai que la technique moderne a procuré au cheikh Kichk un auditoire qu'aucun prédicateur islamique n'aura eu avant lui: les cassettes contenant les enregistrements de ses sermons et autres homélies, habituellement vendues sur place immédiatement après qu'il les a prononcés, sont depuis plusieurs années exportées en abondance vers toutes les régions où l'arabe est compris, même si, dans bien des cas, elles sont distribuées clandestinement, leur contenu étant jugé de caractère subversif. Néanmoins sa voix puissante et passionnée est souvent devenue une sorte d'accompagnement de la vie quotidienne et alterne avec la musique de films dans les foyers et dans les souks, ainsi qu'on peut le constater non seulement en Égypte, mais bien au-delà, en Afrique du Nord par exemple. Pour beaucoup elle est la voix même de l'Islam. Elle illustre en tout cas un élément très caractéristique de son

« réveil ». D'ailleurs, phénomène également significatif, Kichk a fait école dans tout le monde arabe et, à l'écoute de l'une des innombrables cassettes « islamistes » disponibles partout, il faut être expert pour saisir si elle est du cheikh cairote lui-même ou de l'un de ses émules.

Produit typique d'une culture donnant la priorité au verbe, pareille éloquence sait aussi bien tirer parti de l'émotivité religieuse des foules que de leurs aversions politiques. Après des citations coraniques toujours douées du pouvoir de remuer les cœurs et la mise en condition de ses auditeurs auxquels il fait répéter des formules sacrées et dont il sollicite des répons, l'orateur développe en termes simples mais souvent percutants l'un ou l'autre des thèmes favoris de la propagande « islamiste ». Sur le plan extérieur, son discours est exécration des ennemis de l'Islam (impérialistes occidentaux, sionistes, communistes), et, sur le plan intérieur, dénonciation des faux musulmans, des hypocrites de tout bord, des régimes corrompus, de la décadence des mœurs, des menées hostiles des groupes minoritaires comme les chrétiens coptes d'Égypte; mais surtout il proclame que tous ces maux seront corrigés, que la justice sera rétablie, que la nation musulmane regagnera la place qui doit être la sienne dans le monde si seulement l'*Umma*, la communauté des croyants, revient à l'islam véritable et à la pratique intégrale de sa Loi.

Également issu du mouvement des Frères musulmans, mais agissant à un niveau moins populaire, un courant « de gauche » exerce son ascendant sur divers milieux intellectuels et universitaires d'Égypte et du monde arabe. L'un de ses principaux porte-parole est Hassan Hanafi qui enseigne la philosophie à l'université du Caire après l'avoir étudiée en Sorbonne. Son discours, tout imprégné de pensée occidentale moderne, de marxisme notamment, est l'illustration typique d'un islam oublieux de sa transcendance et réduit aux dimensions d'une idéologie moderne. Même s'il fait moins de bruit et n'attire pas les mêmes foules que l'éloquence d'un Kichk, on ne saurait en ignorer l'importance et la capacité de servir de moteur à l'action. Le cas de l'Iran est instructif à cet égard : parmi les éléments révolutionnaires qui préparèrent le plus efficacement la chute de la monarchie et l'avènement du régime khomeiniste figuraient précisément des intellectuels formés dans les universités françaises.

Mouvements islamiques
au Machrek et au Maghreb

L'évolution de l'islam en Égypte présente un schéma qui se retrouve plus ou moins nettement dans la plupart des pays du Machrek et du Maghreb. A partir du Caire, ville la plus peuplée du monde musulman, le mouvement des Frères musulmans, qui exprime manifestement certaines des aspirations les plus profondes des populations professant l'islam, a essaimé dans tout le domaine arabe et même au-delà: son influence est souvent perceptible en Afrique noire et parfois, en direction opposée, en Turquie, en Iran, dans le subcontinent indo-pakistanais et jusque dans l'archipel malais.

L'un des événements qui, par réaction, aura le plus fortement contribué à répandre et à affirmer l'emprise des Frères musulmans aura été la réalisation du projet sioniste en Palestine. L'opinion occidentale ne semble jamais avoir saisi l'ampleur et la profondeur du traumatisme causé dans la conscience des peuples de la région et des autres, plus éloignés, qui en sont solidaires, par la succession de revers et d'humiliations subis par la nation arabe face à l'État d'Israël depuis sa création. Même si, à cet égard, il n'existe pas de différence entre Palestiniens musulmans et chrétiens unanimes dans le malheur comme dans le

ressentiment, la puissance sioniste, installée au
cœur de ce qui est son domaine depuis quatorze
siècles et occupant *Al Quds* (« La Sainte » : Jérusalem), troisième de ses Lieux saints, est généralement regardée, non seulement comme l'ennemi
numéro un des Arabes, mais de l'Islam. Car le
conflit du Proche-Orient, en plus de son intermi-
nable accompagnement de détresses et de sang
versé, aura, du fait de son allure eschatologique,
causé d'abondantes répercussions sur le plan
religieux. En effet, comme on l'a noté au
chapitre II, les traditions islamiques relatives aux
signes annonciateurs de l'Heure dernière sont
généralement liées géographiquement à la Palestine et aux pays voisins, en quoi, d'ailleurs, elles se
trouvent en accord avec maintes croyances judéo-
chrétiennes.

Dès lors ce n'est pas un devoir uniquement
patriotique, mais religieux que de s'opposer à
Israël, pouvoir impie souvent regardé comme
l'émanation même du Mal *. Pareils sentiments
sont renforcés par la constatation que la plupart
des calamités qui se sont abattues sur les peuples
arabes de la région depuis la fin du régime des
mandats ont leur origine dans la fondation de
l'État juif. Celui-ci a constamment semé la terreur
et fait couler le sang autour de lui, suscitant en
même temps toutes sortes de déséquilibres et de
réactions en chaîne qui aboutissent à une déstabi-
lisation généralisée, ainsi que le Liban en offre
l'exemple le plus navrant.

La rancœur des Arabes n'est cependant pas
dirigée contre les Juifs comme tels, mais contre le
sionisme et donc aussi contre les puissances
occidentales qui lui ont permis de se réaliser. Eux-
mêmes sémites, ils estiment particulièrement

---

* Selim NASR, *Radicalismes islamiques,* l'Harmattan,
1985.

amer de devoir payer le prix de l'antisémitisme nazi, donc européen, auquel ils n'ont eu aucune part de responsabilité. Cette situation, ressentie comme parfaitement injuste et intolérable, ne pouvait manquer de provoquer les réactions violentes et désespérées qui ont parfois pris la forme de ce qu'on appelle le «terrorisme palestinien».

Réaction moins fracassante mais plus typiquement islamique à ce qui apparaît à beaucoup comme une malédiction s'acharnant sur la nation arabe, tous ces malheurs sont couramment regardés comme dus à «l'infidélité des musulmans au message divin». Depuis 1948, les auditeurs des sermons du vendredi dans les mosquées ont pu entendre à maintes reprises que les revers des Arabes face aux forces sionistes provenaient de leur «éloignement de l'islam». Des prédicateurs comme le cheikh Kichk et ses émules en Égypte et ailleurs ont abondamment développé ce thème. La propagande des Frères musulmans en a profité d'autant plus qu'eux-mêmes s'étaient acquis dès la première guerre contre Israël la réputation sans doute méritée d'intrépides combattants de la foi. Depuis lors le mouvement issu de l'initiative du cheikh al-Bannâ a gagné de très nombreux adhérents et sympathisants dans la plupart des pays arabes où son influence a été décisive dans l'apparition des courants intégristes, ou «islamistes», mais où il a aussi rencontré de fortes oppositions et suscité d'abondants remous.

Au sein de la Résistance palestinienne, d'abord, les Frères musulmans ont toujours été présents et actifs, s'efforçant d'imprimer un caractère de *jihâd* islamique à la lutte contre l'ennemi sioniste. Mais ils y sont tenus en bride et leur influence reste très limitée, principalement du fait que l'OLP est financée par les gouvernements arabes, à peu près tous résolus à leur faire obstacle.

Au Machrek, la Syrie avait sans doute été le pays le plus réceptif au message des Frères musulmans, lesquels, dès 1937, y avaient fondé des associations dans la plupart des grandes villes, mais sous le couvert d'activités sportives, culturelles ou humanitaires, de manière à ne pas susciter la méfiance de l'administration de la France, alors puissance mandataire. Avec l'indépendance leur ascendant se renforça dans la population et l'un de leurs membres les plus éminents, le cheikh Muhammad Mubarak, a longtemps siégé au Parlement syrien et fut même pendant quelque temps détenteur d'un portefeuille ministériel. Dès 1950, en collaboration avec le cheikh Mustafa Sebaï, «guide» des Frères syriens, il mena une campagne active pour faire officiellement reconnaître l'islam comme religion d'État. Les différents régimes, tous plus ou moins dictatoriaux, qui, ces années-là, se succédèrent à Damas obligèrent leur mouvement à se confiner dans le rôle d'une opposition modérée, puis l'intermède de l'union avec l'Égypte (République arabe unie, 1958-1961), qui faisait de Nasser le maître de la Syrie, devait forcément affaiblir leurs positions. Mais les Frères musulmans gardaient de solides appuis populaires qu'aucun gouvernement ne pouvait se permettre d'ignorer.

Cependant les Frères musulmans syriens devaient trouver leur ennemi le plus implacable, non dans le nassérisme, mais dans le parti baath qui prit le pouvoir à Damas en 1963. Fondé par un chrétien, Michel Aflaq, le Baath («résurrection», «renaissance») a toujours pris la précaution de rendre hommage à l'islam, «expression la plus haute du génie arabe», mais, fondamentalement, il est de tendance laïque et socialisante. Avec les Frères musulmans, le conflit était inévitable. Il fut acharné et marqué par plusieurs massacres atroces, prenant les allures d'une véritable guerre civile qui n'a peut-être pas encore cessé de couver.

La puissance du Baath en Syrie provient en grande partie de ses liens avec la minorité religieuse des alaouites, branche du chiisme ismaélien, ainsi désignés du fait de leur vénération pour le gendre du Prophète, Alî, que les musulmans sunnites leur reprochent de diviniser. Du temps du mandat ils avaient bénéficié de la sollicitude des autorités françaises qui érigèrent en « État des alaouites » les régions qu'ils habitent dans les montagnes du nord et cherchèrent à tirer parti de leur tempérament guerrier en recrutant chez eux des troupes d'élite. Ils ont conservé depuis lors les leviers du pouvoir militaire et c'est de leurs rangs que sont issus les personnages les plus influents du régime baathiste, dont le président Hafez al-Assad, dictateur absolu depuis 1970. Il ne manquait rien à pareil système pour être honni des Frères musulmans et de leurs sympathisants.

L'agitation contre les nouveaux maîtres de la Syrie se manifesta bientôt après le coup d'État de mars 1963 et alla en s'amplifiant, surtout dans les villes, dont Hama aura été le centre le plus actif de l'opposition à un pouvoir jugé impie et anti-islamique. La protestation ne se limita pas aux Frères musulmans et autres « islamistes », mais put compter sur l'appui plus ou moins actif d'une grande partie de la communauté majoritaire sunnite qui n'a pas cessé de regarder les dirigeants baathistes-alaouites comme des usurpateurs. Alors s'installa le règne de la violence et de la terreur qui se prolongea pendant près d'une vingtaine d'années et dont il suffira ici de mentionner quelques-uns des épisodes les plus meurtriers *.

* Pour une description plus complète de ces événements, v. Olivier CARRÉ et Gérard MICHAUD, *op. cit.*

Les manifestations publiques consécutives au coup d'État baathiste de 1963 prirent rapidement à Hama l'allure d'un soulèvement et les autorités religieuses sunnites appelèrent la population au *jihâd* (guerre sainte) contre le nouveau pouvoir déclaré illégitime. Celui-ci réagit avec brutalité, ordonnant un bombardement qui causa de lourdes pertes et détruisit la grande mosquée. L'agitation gagna bientôt d'autres villes, dont Damas, où se succédèrent les grèves et protestations publiques contre les mesures d'exception et les arrestations arbitraires d'opposants réels ou supposés au régime. Hama fut de nouveau en état de rébellion ouverte en 1964 et 1965, subissant chaque fois les rigueurs d'une répression implacable. De leur côté les Frères musulmans n'hésitèrent pas à commettre contre les autorités et leurs représentants des attentats qui ponctuèrent un état de guerre civile larvée.

En 1967 la guerre des Six Jours, qui livra le Golan à l'occupation israélienne, imposa une certaine accalmie sur le front intérieur syrien, mais l'antagonisme demeurait entier et irréductible entre les Frères musulmans généralement soutenus par la communauté sunnite et le régime de Hafez al-Assad qui ne cessait d'appesantir sa dictature tout en cherchant à se concilier les milieux économiques. L'agitation reprit dans les villes et de nouvelles violences éclatèrent à Hama. Une pause survint à la suite de la guerre d'octobre 1973 contre Israël, mais en 1975 un nouveau conflit armé, celui du Liban, réactiva les antagonismes syriens, les milieux islamiques désapprouvant l'appui donné par Damas au parti chrétien maronite dans le pays voisin. La série d'actes de violence, généralement sanctionnés par des représailles non moins violentes, reprit bientôt et son point culminant fut l'attentat organisé en juin 1979 par les Frères musulmans contre l'école d'artillerie d'Alep, qui causa la mort de quatre-vingt-trois élèves officiers, tous alaouites.

Frappés de stupeur, les dirigeants du régime réagirent d'abord en faisant exécuter une quinzaine de détenus choisis un peu au hasard dans les prisons. Mais la situation risquait de leur échapper et il fallut près de trois ans marqués par des flots de sang et des amoncellements de ruines pour qu'ils parviennent à la reprendre en main.

Pendant plusieurs mois suivant l'attentat, le gouvernement n'arriva plus à exercer son autorité, non seulement à Hama, mais à Alep et dans quelques autres villes. Dès mars 1980, il fit intervenir des unités militaires spéciales qui répandirent la terreur partout où il était contesté, multipliant les actions punitives qui devinrent parfois d'effroyables tueries. En juin de la même année fut montée une expédition contre la prison de Palmyre, dans le désert, où étaient détenus quelques milliers d'opposants, Frères musulmans en majorité; aucun n'en réchappa. Puis d'autres massacres, notamment à Alep et Hama, firent des morts par centaines, peut-être par milliers. Les Frères réagirent par de nouveaux attentats, certains particulièrement meurtriers comme en 1981 à Damas.

Le pire était encore à venir: le 2 février 1982, Hama entrait en état d'insurrection ouverte et générale. Des autorités «islamiques» furent mises en place et aussitôt étaient condamnés à mort et exécutés une centaine d'agents du pouvoir baathiste. Il fallut plus d'un mois aux forces du régime pour reprendre la ville qui fut en grande partie détruite. La répression, féroce, coûta la vie à au moins dix mille habitants, beaucoup plus selon certaines sources. Ce dernier coup, plus terrible que tous les précédents, a sans doute réussi à démanteler le parti «islamiste» syrien, mais, comme chacun se le demande depuis lors, pour combien de temps?

Dans les autres pays du Machrek s'étaient aussi constitués sur le modèle égyptien des groupes et cellules de Frères musulmans, mais sans y provoquer les mêmes remous ni rencontrer d'aussi fortes oppositions qu'en Syrie. Si le régime irakien, émanation d'une branche rivale du Baath, les a plus ou moins relégués dans la clandestinité, leur situation aura été toute différente en Jordanie où ils ont même fait partie du gouvernement. Au Liban, où les membres de leur association se recrutent à peu près exclusivement parmi les musulmans sunnites, ils n'ont pas constitué de milices semblables à celles des autres communautés religieuses comme les chrétiens maronites, les chiites ou les druzes, et ont donc été mêlés moins directement à la guerre civile.

Les Frères musulmans sont généralement tolérés en Arabie Saoudite où ils ont su gagner des appuis et des sympathies dans la population et, dans les États du Golfe, ils entretiennent d'assez bonnes relations avec les gouvernements. De Kuwait, où de nombreux Frères égyptiens s'étaient établis pour échapper aux persécutions nassériennes, ils exercent une propagande active et répandent leurs publications dans une bonne partie du monde arabo-islamique. Cependant l'unanimité ne semble pas régner parmi eux et ils laissent apparaître le même clivage entre modérés et extrémistes qu'avaient déjà manifesté en Égypte les divergences entre le «guide général» Al-Hudaybi, pour qui les Frères musulmans devaient limiter leur action à la prédication, et Sayyid Qutb, partisan de l'action directe et violente contre la *jâhiliya* et ses suppôts.

En plus des Égyptiens, les États pétroliers de la région emploient de forts contingents de musulmans étrangers, notamment palestiniens, yéménites, iraniens, pakistanais et indiens. Tous sont très sollicités par diverses propagandes plus ou moins « islamistes » dont la plus active est celle de la révolution iranienne. Or entre « qutbistes » et « khomeinistes » existe probablement une certaine connivence qui transcende la division entre sunnites et chiites. Cela n'a pas manqué de renforcer les tendances révolutionnaires dans toute cette région centrale du monde musulman et de créer une situation dont l'attaque et l'occupation de la grande mosquée de La Mecque, en novembre 1979, ont démontré de façon fracassante la gravité extrême. Cet événement funeste a fait sentir aux dirigeants du royaume saoudien comme à ceux des émirats voisins le poids de menaces redoutables et désormais tous demeurent sur le qui-vive.

Se tournant maintenant vers le Maghreb, il convient de jeter d'abord un coup d'œil sur la Libye qui a fait beaucoup parler d'elle depuis qu'en 1969 le colonel Muammar Qadhafi renversa la monarchie modérée du vieux roi Idris pour installer à sa place un système insolite et caractérisé surtout par la personnalité imprévisible de son chef. On doit tout de suite relever à ce propos combien grossière aura été l'erreur de maints commentateurs occidentaux qui ont désigné la révolution libyenne et le régime qui en est issu comme expressions typiques de l'actuel « réveil islamique ». Il s'agit plutôt d'un cas singulier de résurgence du nassérisme qui doit en grande partie à la puissance pétrolière libyenne d'avoir duré si longtemps.

De formation militaire, le colonel Qadhafi est, en matière religieuse, d'une inculture notoire. Il n'est certes pas indifférent à l'islam, mais son action intérieure et extérieure, avec ses retournements et incohérences, montre bien qu'il y voit plus un moyen qu'une fin et que ses priorités sont

le nationalisme arabe et le socialisme. Sa révolution, au début, a pu sembler « islamique » et il
pensa pouvoir faire alliance avec les Frères
musulmans libyens, peu nombreux mais doués
d'un certain prestige. En 1972 déjà, il les faisait
jeter en prison, les accusant de comploter contre
son pouvoir. Depuis lors il est apparu toujours
plus clairement que ses objectifs sont fort distants
de ceux des divers mouvements « islamistes » à
l'œuvre dans le monde musulman.

En même temps s'est imposée l'évidence que la
pensée du maître de la révolution libyenne s'écar-
tait singulièrement de l'« orthodoxie » musulmane et que ses méthodes de gouvernement, qui
sont celles d'un dictateur brisant toute opposition
avec une inexorable brutalité, en transgressent
abondamment les usages et préceptes. Son
fameux *Livre vert* ne fait que peu mention de
l'islam mais, avec son idéologie tiers mondiste et
sa prétention d'ouvrir une « Troisième voie » à
l'humanité et de représenter « l'évangile de l'ère
nouvelle, l'ère des masses », n'aura guère été pris
au sérieux en dehors du cercle intérieur et extérieur de sa clientèle. Particulièrement choquante
est apparue son intention, exprimée dans plusieurs autres écrits et déclarations, de « rectifier »
l'islam, cela surtout en rejetant la *Sunna*, tradition
du Prophète consignée dans le *Hadîth*, ainsi que le
fiqh, jurisprudence procédant de la Loi révélée, la
Sharî'a, sous le reproche de ne pas être suffisamment « progressistes ». Il affirme vouloir s'en tenir
uniquement au Coran, mais les interprétations
qu'il en fait confirmeraient plutôt l'opinion que la
révolution du colonel libyen représente plus une
hétérodoxie caractérisée, une déviation aberrante
de l'islam, qu'un exemple de son réveil.

Passant ensuite au Maghreb proprement dit,
on constatera d'abord que l'islam, qui avait été
naguère le principal inspirateur de la lutte, sou-

vent assimilée à un *jihâd*, contre la domination coloniale française, maintient sur les populations une emprise qui, depuis l'indépendance, semble encore renforcée. Venu d'Orient comme autrefois l'islam lui-même, le courant intégriste-islamiste y a trouvé un terrain favorable et y a gagné nombre d'adhérents désillusionnés par l'Occident moderne et ses idéologies, marxisme compris. Mais il a également suscité des oppositions contre les régimes en place dénoncés comme insuffisamment islamiques, sinon infidèles à l'islam, et il en est résulté une efferverscence et des remous auxquels n'a échappé aucun des trois pays maghrébins. Et malgré leurs divergences politiques, les dirigeants, tant à Tunis qu'à Alger et Rabat, ont des raisons de redouter ensemble les menées déstabilisatrices de réseaux intégristes clandestins.

En Tunisie, Habib Bourguiba, pourtant partisan de la laïcité et admirateur du kémalisme turc, n'avait pu éviter de faire référence à l'islam lorsqu'il conduisait la lutte contre le pouvoir colonial : il s'était alors fait appeler *al-Mujâhid al-akbar*, le « combattant suprême » menant le *jihâd*, le combat pour la foi. Cependant, parvenu lui-même au pouvoir avec l'indépendance, il se lança dans une politique sécularisante de réforme et de modernisation qui rencontra de fortes résistances et lui coûta une bonne partie de l'appui populaire dont il avait bénéficié jusque-là.

En effet, à la surprise de maints observateurs pour qui la Tunisie de Bourguiba représentait dans le monde arabo-musulman un modèle de modération et d'ouverture au progrès, un courant islamiste-intégriste apparenté aux Frères musulmans a commencé de s'y manifester surtout à partir de 1976, année où fut fondé un groupe intitulé *Al-'Amal al-islâmî* (« l'Action islamique »). Il mena campagne pour le respect des

formes traditionnelles de l'islam et contre les
usages modernes que le comportement des tou-
ristes étrangers contribuait à rendre impopu-
laires. Dans les années qui suivirent, les
« islamistes », très influents dans les universités et
parmi les jeunes intellectuels souvent réduits au
chômage, entretinrent un état d'effervescence
qui, parfois, donna lieu à des émeutes. La révolution iranienne, saluée avec enthousiasme dans ces
milieux, eut pour effet de rendre encore plus
tendus leurs rapports avec les autorités. Celles-ci
renforcèrent les mesures de surveillance dans les
mosquées et autres lieux de réunion des intégristes et de leurs sympathisants, pratiquant ce
qu'eux-mêmes appelèrent une politique de
répression.

Bientôt les excès du régime khomeiniste paru-
rent rafraîchir les sentiments de ses admirateurs.
Pourtant les dirigeants de Téhéran, toujours aussi
résolus à exporter leur révolution dans tout le
monde musulman et même au-delà, ne se limitent
pas à la propagande mais, agissant dans l'ombre,
créent des cellules et réseaux clandestins d'agents
prêts à servir leur politique de subversion. Au
printemps 1987, le gouvernement tunisien estima
en posséder suffisamment de preuves pour moti-
ver la rupture de ses relations diplomatiques avec
l'Iran. Quoi qu'il en soit, le mouvement
« islamiste » tunisien ne désarme pas et l'Action
islamique, dénommée depuis 1981 « Mouvement
de la tendance islamique » (MTI), et son chef
Rachid Ghannouchi continuent à rejeter le type
de société imposé par Bourguiba et à militer pour
l'islamisation des institutions.

En Algérie, l'une des grandes surprises de
l'indépendance aura été, pour ses amis comme
pour ses ennemis, de constater combien l'emprise
de l'islam était demeurée puissante malgré un
régime colonial qui n'avait pas cessé pendant cent

trente ans de chercher à l'abattre. Un argument favori des partisans de l'«Algérie française» était que l'indépendance aurait forcément abouti à l'installation sur la rive méridionale de la Méditerranée d'un pouvoir plus ou moins communiste et lié à Moscou. En effet les Algériens désignaient du terme de «révolution» la guerre qu'ils menaient contre la domination française et c'était du côté de l'URSS et de ses satellites qu'ils trouvaient leurs meilleurs appuis sur le plan international. Mais on ne se rendait sans doute pas suffisamment compte du fait qu'en disant «révolution», *thawra* en arabe, l'Algérien pouvait penser à quelque chose d'assez différent du sens que le même mot suggère à une conscience occidentale. Car, pour d'innombrables musulmans, la lutte contre le pouvoir colonial qui était celui des mécréants, ne pouvait être qu'une lutte pour l'islam, un *jihâd*, une guerre sacrée. En conséquence tous les combattants de la cause algérienne furent dénommés *mujâhidîn* (sing. *mujâhid*, ou «moudjahid», mot qui est resté le titre du principal quotidien paraissant en Algérie).

Cette circonstance initiale, source d'un malentendu qui n'a jamais été entièrement dissipé, explique le dualisme qui a marqué tout le mouvement insurrectionnel puis toute la politique de l'Algérie indépendante. Cette politique, à vrai dire, manque singulièrement de transparence et ne livre guère ses secrets à l'observateur extérieur; pourtant elle laisse entrevoir une oscillation constante entre ces deux orientations: l'une, modernisante, «progressiste», laïcisante, socialisante, l'autre donnant la priorité à la restauration de l'islam et de ses valeurs traditionnelles. Les gouvernements qui se sont succédé à Alger depuis le départ des Français ont tous été placés devant le problème posé par la divergence de ces deux tendances et ont cherché à le résoudre par divers compromis ; telle fut, entre autres, l'adoption de la «Charte nationale» de 1976 déclarant le socialisme et les idéaux révolutionnaires en parfait accord avec la foi musulmane, cela dans un pays où l'islam est officiellement «religion d'État».

Il est certain cependant que les courants islamiques se sont sensiblement renforcés ici comme dans tant d'autres pays musulmans et que, si l'armée ne veillait pas sur elle, la «République démocratique et populaire» d'Algérie serait peut-être déjà devenue une «République islamique». Car le «réveil de l'Islam» s'y manifeste avec une vigueur qui a pris de court les dirigeants très laïques du FLN, le parti unique, et les place dans un grand embarras. Un mouvement intégriste plus ou moins toléré par les autorités, le *Ahl al-Da'wa* (les «Gens de l'Appel»), étroitement apparenté aux Frères musulmans, fait activement campagne pour l'instauration d'un État et d'une société réellement islamiques. Il s'est attiré de nombreuses sympathies à la ville comme à la campagne car, après le départ de l'administration coloniale qui avait ruiné tant de structures traditionnelles, s'est fait sentir dans la population un besoin d'autant plus fort de réaffirmer son identité islamique.

Indéniablement on assiste en Algérie à une «poussée», à une «vague de fond» comme disent certains, de l'islam, dont les signes les plus visibles sont les mosquées nouvellement construites ou encore en chantier, mais qui prend bien d'autres expressions et concerne tous les aspects de la pratique religieuse. On ne se contente pas des lieux de culte officiels et il est devenu courant pour les administrations, les usines ou facultés universitaires d'aménager leurs propres salles de prière. Le gouvernement s'est efforcé de donner des satisfactions et des gages aux tenants du réveil religieux par des mesures telles que l'ouverture de nouvelles écoles coraniques ainsi que de centres culturels et instituts universitaires islamiques. Tout cela ne suffit pas aux intégristes les plus militants.

Ceux-ci, depuis plusieurs années, entretiennent une agitation qui, non seulement peut perturber assez gravement l'ordre public mais, à diverses reprises, a fait couler le sang. Il y eut des morts et des blessés, en particulier lors de heurts entre étudiants islamistes et marxistes en 1982 puis, de 1982 à 1987, lors d'accrochages entre gendarmes et groupes intégristes armés tenant le maquis. Sur un mode moins violent, des prédicateurs critiquent dans les mosquées la corruption des mœurs, l'hypocrisie des puissants et le caractère insuffisamment islamique de l'État, alors que des cassettes enregistrées, dont celles, importées d'Égypte, de l'inévitable Kichk, cultivent la ferveur intégriste en ressassant les mêmes thèmes, et que circule en sous-main toute une littérature hostile au présent régime. Apparemment le «réveil islamique» n'a pas fini de causer des tracas aux dirigeants algériens.

La vague islamiste-intégriste a également atteint le Maroc, mais sans y soulever autant de remous que dans les deux autres États maghrébins, car le pouvoir colonial français ne s'y est pas exercé aussi longtemps et a mieux respecté les structures traditionnelles, à commencer par la monarchie. Celle-ci est d'un caractère indéniablement islamique : la dynastie régnante est «chérifienne», c'est-à-dire d'ascendance prophétique, et s'entoure d'institutions également marquées par l'islam et sa tradition. Vouloir «islamiser» l'État ne saurait avoir de sens dans de telles conditions.

La population elle-même, dans toutes les régions du royaume, est profondément imprégnée d'islam et attachée à ses valeurs sacrées, ainsi qu'en témoignent son comportement, sa pratique de la religion et sa fidélité aux usages hérités du passé. Le réveil de la piété se manifeste par l'affluence dans les mosquées qui ne suffisent souvent plus à contenir la foule des fidèles venant participer à l'office du vendredi, et de nouveaux lieux de culte se construisent en nombre impressionnant dans les villes et les villages. Mais la vie est dure, le chômage sévit et, dans les grands centres où les inégalités sociales peuvent paraître choquantes, la bourgeoisie occidentalisée a souvent adopté un genre d'existence en désaccord plus ou moins accentué avec la stricte morale musulmane. Divers groupes intégristes de tendance voisine à celle des Frères musulmans ont trouvé là matière à discours critiques et mènent campagne contre la corruption des mœurs et contre tous les usages jugés non islamiques. Outre la diffusion de brochures et de cassettes enregistrées, dont évidemment celles de Kichk, leurs prédicateurs, souvent véhéments, réunissent des auditoires nombreux et attentifs, non seulement pour les sermons du vendredi, mais en semaine après la prière du soir.

Les autorités ont d'abord laissé faire, mais, depuis la révolution iranienne, qui a soulevé un réel enthousiasme surtout dans la jeunesse, des insinuations hostiles à la royauté sont apparues dans certains propos tenus par les «islamistes». Depuis lors la police les tient à l'œil. Cependant les excès du système khomeiniste et son entêtement à poursuivre la guerre contre l'Irak semblent avoir sensiblement modéré les tendances révolutionnaires de ces milieux.

VII

*L'islam révolutionnaire
des chiites iraniens*

La révolution de 1979 en Iran est considérée
par l'opinion internationale comme l'expression
la plus typique du « réveil de l'Islam ». Elle aura
été en tout cas l'événement le plus fracassant
survenu en cette deuxième moitié de siècle dans le
monde musulman où elle a correspondu à un
séisme de première grandeur dont l'ébranlement
n'a pas fini de produire ses effets. Quant au sens à
lui attribuer, les opinions divergent considérablement au sein de l'*Umma*, la communauté mondiale des croyants ; ses partisans la regardent
comme étape décisive de la marche vers la
restauration de l'islam dans sa grandeur terrestre,
et ses ennemis comme perversion de la religion et
source de nouvelles épreuves et divisions devant
accentuer l'affaiblissement et le déclin de la
nation musulmane. Si elle s'est produite dans une
situation présentant certaines similitudes avec
celle d'autres pays d'Islam, cette révolution,
malgré la prétention de ses protagonistes à lui
conférer une portée universelle, garde la marque
profonde du contexte national et religieux particulier au chiisme iranien.

Il convient donc, pour comprendre le sens de
ces bouleversements récents, de rappeler quelques notions de base relatives au chiisme. Celui-ci

est, cas unique, religion d'État en Iran où la population s'y rattache dans une proportion de 85 à 90 %. Il est minoritaire partout ailleurs, à l'exception de l'Irak (51 %) et de l'émirat de Bahreïn (60 à 70 %) où, cependant, le pouvoir est entre les mains des sunnites. Pour l'ensemble du monde musulman, la proportion des chiites varie, selon les estimations, entre 10 et 15 %.

Entre sunnisme et chiisme n'existe aucune divergence religieuse fondamentale, l'un et l'autre reconnaissant la mission prophétique de Muhammad, acceptant le Livre révélé, le Coran, dans le même texte et adhérant aux mêmes croyances. Ce qui les différencie est d'ordre politique en premier lieu, mais aussi théologique en ce que l'un et l'autre n'ont pas la même conception de l'autorité religieuse.

A l'origine le chiisme avait été le parti (*chî'a*) d'Alî à qui, estimaient ses tenants, aurait dû revenir la succession du Prophète dont il était le cousin et le gendre, au lieu des trois premiers califes Abou Bakr, Omar et Othmân. En 656, ayant enfin accédé au califat après ceux-ci, il entra en conflit avec le clan des Omeyyades et son chef Mu'âwiya qui, par la ruse, l'emportèrent sur lui à la bataille de Siffîn, (657). Critiqué pour sa faiblesse lors de cet affrontement, il fut assassiné trois ans plus tard. Néanmoins, aux yeux de ses partisans qui le vénèrent comme détenteur de l'héritage spirituel de la Révélation faite au Prophète Muhammad, les cinq années de son califat furent la seule période de toute l'histoire musulmane durant laquelle le pouvoir a été exercé en toute légitimité.

Ces partisans, les chiites, qui se considèrent comme les «légitimistes» de l'Islam, estiment que la communauté musulmane ne saurait être dirigée que par des descendants du Prophète, ou «gens de la maison» (*ahl al-bayt*), et que l'autorité

califale, après Alî, aurait dû revenir, non aux
Omeyyades qui s'en étaient emparés, mais à ses
fils, Hassan d'abord qui mourut jeune encore,
puis Hussein. Cédant aux instances de ses compagnons, celui-ci prit les armes contre le pouvoir
regardé comme usurpateur, mais fut défait et tué
avec une partie de sa famille en 680 à Kerbela
(Irak) par les troupes du calife omeyyade Yazîd.

Ce funeste événement eut un retentissement
énorme qui s'est prolongé à travers les siècles
jusqu'à nos jours. Chaque année la mort de
Hussein, martyr de la justice et de la vérité, donne
lieu chez les chiites à une commémoration pathé-
tique et spectaculaire qui contribue à entretenir
dans leur piété un élément de douleur et de
tristesse ainsi qu'un certain sentiment de
méfiance envers tout gouvernement séculier.

Alî, Hassan et Hussein furent les trois premiers
« imams » qui, dans la perspective chiite, sont
regardés comme héritiers spirituels du Prophète,
interprètes de la Révélation, guides infaillibles de
la communauté et intermédiaires entre l'homme
et Dieu. Le quatrième fut Alî, dit Zayn al-
'Abidîn, seul fils de Hussein rescapé du massacre
de Kerbela. Lui et ses descendants furent, d'une
certaine manière, des chefs de l'opposition face
aux califes omeyyades puis abbassides. Le nombre des imams fut de douze selon les chiites
majoritaires appelés de ce fait duodécimains ou
imamites, alors que les ismaéliens (dont les nizârîs
de l'Agha Khan) n'en reconnaissent que sept et
les zaydites, cinq. Le douzième et dernier de la
lignée, Muhammad al-Mahdî, disparut mystérieusement en 874 à Samarra (Irak) et, comme on
l'a signalé au chapitre II, est, selon la doctrine
chiite, en occultation (*ghayba*). C'est lui le
« Maître du Temps » (*Sâhib al-Zamân*), le *Mahdî*
invisible jusqu'à ce qu'il réapparaisse avant la fin
des temps pour faire régner la justice et la paix

dans un monde livré à l'iniquité et déchiré par la guerre. En attendant, il demeure accessible à la prière de sa communauté et guide spirituellement les fidèles qui préparent son retour.

Le chiisme duodécimain dominant en Iran est très fortement marqué aussi bien par le souvenir du drame sanglant de Kerbela que par l'attente du *Mahdî*, et cette double influence se fait sentir tant dans son climat spirituel et dans le style de la pratique religieuse que sur le plan politique. Il y est constamment fait référence et, par exemple, dans les années qui précédèrent la révolution, les ennemis de la monarchie comparaient volontiers le chah au calife omeyyade et le peuple opprimé à Hussein et à son parti. Depuis la proclamation de la République islamique, la comparaison s'applique sur le plan international, le rôle du calife oppresseur revenant évidemment à l'Amérique.

La remémoration continuelle de Kerbela a également développé depuis des siècles un culte du martyre auquel la révolution et la guerre contre l'Irak ont donné un nouvel essor. Manifestement les pertes humaines, pourtant si terribles sur le front irakien, sont relativement bien supportées par la population qui voit des martyrs dans les victimes et semble même en éprouver de la fierté.

Quant à l'attente du *Mahdî*, son importance aura sans doute été essentielle dans les événements qui ont précédé et accompagné la révolution. C'est en grande partie parce qu'il en a été présenté comme le précurseur que l'ayatollah Khomeini s'est acquis tant d'autorité et de popularité. D'autre part, et comme on l'a déjà relevé, Ali Shariati, principal maître à penser du mouvement révolutionnaire iranien, a interprété dans un sens « progressiste » la croyance chiite relative au retour de l'imam caché et, en quelque sorte, tend à confondre la parousie au sens traditionnel avec les objectifs du marxisme. Même s'ils ne partagent pas toujours des opinions aussi avancées au sujet du Maître du Temps et du sens politique de sa prochaine venue, les oulémas constituant l'*establishment* de Téhéran n'en semblent pas moins convaincus que leur révolution a inauguré les temps messianiques, et leur propagande cherche à faire valoir à travers le monde que la République islamique d'Iran serait un signe majeur de l'apparition imminente de celui qui doit rétablir ici-bas le règne de l'islam et apporter un nouveau bonheur à l'humanité.

Dans un système de pensée considérant comme plus ou moins illégitime tout gouvernement autre que celui de l'imam, le problème du pouvoir devait inévitablement se poser constamment, ainsi qu'en témoigne l'histoire de la Perse musulmane. Il n'a jamais été pleinement résolu, mais a donné lieu chez les chiites à trois attitudes principales.

La première attitude, qui fut généralement celle des chiites en situation minoritaire, consiste à demeurer à l'écart de l'autorité temporelle et de la lutte politique à l'exemple des imams eux-mêmes après Kerbela. La deuxième solution, adoptée dès que l'avènement des Safavides (début du XVIᵉ s.) eut fait du chiisme duodécimain la religion officielle de la Perse, accorde aux religieux un certain droit de regard sur les affaires publiques. C'est le système qui a prévalu en théorie sinon en pratique jusqu'à la chute de la monarchie en 1979. Enfin, selon une troisième doctrine, qui est celle de l'ayatollah Khomeini et que la République islamique issue de la révolution de 1979 entend mettre en vigueur, le pouvoir qui, en principe, n'appartient qu'à Dieu, doit être confié à un gouvernement islamique (*velâyat-e faqih*: gouvernement du juriste-théologien) chargé d'appliquer la loi divine selon les directives des *mojtahed* (ceux qui pratiquent l'*ejtehâd*, effort d'interprétation) qui en sont les interprètes les plus qualifiés. A ce point de vue avait adhéré un auteur chiite « de gauche » comme Ali Shariati, lequel, toutefois, y apportait un correctif « démocratique » en proposant que « la communauté elle-même devienne son propre imam », formule dont, à part son intention démagogique, le sens apparaît pour le moins incertain. La situation à Téhéran depuis la révolution semble indiquer que la manière de traduire pareilles théories dans la réalité n'a pas encore fait l'unanimité parmi les forces politiques en présence et même dans le proche entourage de l'ayatollah-imam.

Autre conséquence de la méfiance systématique des chiites envers les détenteurs du pouvoir, il s'est formé une classe d'« hommes de religion » qui est devenue une sorte de clergé. Il n'y a pas à proprement parler de sacerdoce ni de clercs dans l'islam où, en principe, chaque croyant accomplissant la prière rituelle est son propre prêtre, et c'est un point sur lequel le sunnisme met une grande insistance. Dans le chiisme, en revanche, les oulémas et « mollahs » ont eu tendance, particulièrement en Iran, à se distinguer des musulmans ordinaires et à s'accorder des titres honorifiques correspondant aux divers degrés de leur science théologique et juridique comme de leur autorité morale. Ainsi s'est constituée une véritable hiérarchie de dignitaires dont les plus élevés s'intitulent *hodjat-al-islâm* (« preuve de l'islam ») et même, lorsqu'ils pratiquent l'*ejtehâd, ayatollah* («signe de Dieu»). Aux degrés inférieurs les mollahs se répartissent en de nombreuses catégories de dirigeants de la prière, de desservants de mosquées, de prédicateurs ou de récitants du drame de Kerbela. Là réside l'une des divergences les plus marquées par rapport au sunnisme qui rejette la notion de hiérarchie et a toujours insisté sur le caractère égalitaire de l'islam.

Sous le régime monarchique qui reconnaissait aux religieux un certain droit de contrôle sur les affaires de l'État, ce clergé, qui disposait — et dispose encore — de biens importants, fonciers notamment, et de ressources garantissant son indépendance financière, allait inévitablement occuper la position d'un contre-pouvoir. C'est effectivement ce qu'il fut déjà sous la dynastie safavide qui pourtant prétendait descendre des imams et dont le fondateur, chah Ismâîl, avait fait en 1501 du chiisme la religion officielle de la Perse. La tension grandit sous les Qadjars (1799-1925) malgré les efforts de plusieurs souverains pour se concilier le clergé dont la puissance ne cessait de croître et que le peuple regardait volontiers comme son protecteur contre un pouvoir oppresseur. La situation se compliqua au XIXᵉ siècle lorsque l'Iran commença de subir une certaine pénétration occidentale et entra en conflit avec la Russie sur sa frontière du nord. La classe religieuse prit alors la tête de la protestation contre les ingérences étrangères, en même temps qu'elle s'opposait aux réformes proposées par des intellectuels s'inspirant des idéologies libérales et progressistes d'origine européenne. Vers la fin du siècle, l'économie du pays ayant pris un tour catastrophique, le mécontentement devint général et prit la forme d'un mouvement révolutionnaire. Celui-ci aboutit en 1905 à la «révolution constitutionnelle» qui imposa au chah l'adoption d'une constitution et la désignation d'une Assemblée nationale (*madjles*).

Ces réformes, qui correspondaient à un compromis entre les tendances divergentes du clergé et des milieux acquis aux idéaux démocratiques et modernistes de l'Occident, n'apportèrent que peu de remèdes aux maux dont souffrait le pays. A l'issue de la Première Guerre mondiale, l'Iran, très affaibli, eut à faire face à la fois aux agressions des troupes soviétiques et aux visées des Britanniques désireux d'y établir leur protectorat.

Alors un officier de cosaques, Reza khan, se révéla comme l'homme fort dont le pays avait besoin. Après avoir rétabli la situation militaire au nord, il entreprit de remettre de l'ordre sur le plan intérieur. Admirateur de Mustafa Kemal qui était en train d'accomplir sa révolution laïque en Turquie et d'y imposer le régime républicain, il aurait souhaité imiter son exemple en Iran. Mais les oulémas tenaient au principe monarchique et, après qu'eut été proclamée la déchéance des Qadjars, Reza khan, soutenu par les plus hauts dignitaires religieux, fut, sous le nom de Reza chah Pahlavi, couronné empereur d'Iran (1926).

Exerçant dès lors un pouvoir autoritaire, le nouveau souverain mena une vigoureuse politique de laïcisation qui eut pour effet de réduire considérablement l'influence du clergé auquel il devait pourtant le trône. Décidé à moderniser son pays, il rendit obligatoire le port de vêtements européens, faisant exception toutefois pour la classe religieuse. Nationaliste d'abord, il s'efforça de renouer avec l'héritage préislamique de l'Iran. Lorsque les Alliés, en 1941, l'eurent contraint à abdiquer du fait de ses sympathies pour l'Allemagne, il laissait sans doute derrière lui une œuvre considérable de modernisation, mais il avait aussi accumulé auprès des religieux et de leur hiérarchie une somme de rancunes qui allaient plus tard se retourner contre son fils.

Dans la première partie de son règne, pourtant, Muhammad Reza chah entretint des rapports relativement détendus avec le clergé, et ses démêlés avec le Premier ministre Mossadegh au sujet de la nationalisation des pétroles n'y apportèrent guère de changement. Dans ces années d'après-guerre, cependant, commencèrent de se manifester des groupes d'activistes islamiques partisans du recours à la violence, notamment les *Fedâ'iyân-e Eslâm* (combattants de l'Islam) qui apparurent comme des équivalents chiites des Frères musulmans des pays arabes, ou du moins de leur aile extrémiste. Ils assassinèrent des personnalités jugées anti-islamiques, dont l'écrivain Ahmad Kasravi et le Premier ministre Ali Razmara. Parmi les quelques dignitaires religieux qui passaient pour les soutenir figurait un certain Ruhollah Khomeini.

Au début des années 60, un groupe d'ou|émas opposés au régime, dont précisément l'ayatollah Khomeini, parvint à imposer ses vues à l'intérieur de la classe religieuse, laquelle tendit à se radicaliser. En 1963, lorsque le chah eut déclenché sa «révolution blanche» qui nationalisait une partie des terres agricoles et modernisait les institutions, le clergé, craignant pour ses ressources économiques, lança un grand mouvement de protestation. Khomeini en prit la tête et, de la ville sainte de Qom, diffusa des attaques virulentes contre le souverain et le gouvernement. L'agitation se répandit dans plusieurs villes, dont Téhéran et Qom où éclatèrent des émeutes que la police et l'armée réprimèrent sans ménagements. Khomeini fut arrêté une première fois puis remis en liberté au bout de quelques mois.

L'année suivante, l'ayatollah, dont la popularité ne cessait de croître, lança un nouveau mouvement protestataire, cette fois contre un projet de loi accordant un statut spécial aux membres du personnel militaire américain et à leurs familles. Il fut arrêté une seconde fois, mais, de manière à éviter un procès et une condamnation risquant d'avoir des répercussions imprévisibles, le gouvernement préféra l'expulser vers la Turquie. Il n'y resta pas longtemps et put s'installer à Nadjaf, en Irak, ville sainte pour les chiites puisqu'elle abrite le tombeau d'Alî, premier de la lignée des imams. Khomeini y déploya une intense activité de propagande contre le chah et y entretint de nombreux contacts avec toutes sortes de milieux musulmans ou non. Grâce à la complaisance des autorités irakiennes, il ne cessa d'être le principal inspirateur de l'opposition religieuse au régime monarchique iranien.

Ce fut aussi dans les années 60 que le sociologue Ali Shariati acquit la position qui devait faire de lui le maître à penser de la jeunesse intellectuelle iranienne. Il se rendit célèbre surtout par ses conférences au Hosseinié Ershad, institut musulman de tendance novatrice créé depuis peu à Téhéran, où les étudiants se pressaient chaque fois qu'il prenait la parole.

Fils d'un religieux, Ali Shariati était brillamment doué, ce qui, après avoir suivi les cours de l'université de Meched, lui avait valu d'aller étudier à Paris. Il y fréquenta des milieux de gauche proches des Sartre et des Franz Fanon, et semble avoir passé par une crise d'incroyance. Il dut bientôt retrouver la foi, mais sous la forme d'un amalgame de socialisme plus ou moins marxiste, de nationalisme et d'idéologie tiers mondiste, le tout sous un vernis d'islam. C'est alors que s'élabora sa pensée, à laquelle ses conférences et ses écrits allaient donner une si considérable diffusion.

L'importance de Shariati et l'efficacité de son message sont dues en grande partie au fait qu'il présenta l'islam et plus particulièrement le chiisme comme une force révolutionnaire et progressiste. Il en fit un principe de protestation des masses opprimées et exploitées contre l'injustice du monde, contre l'ordre existant, contre la classe bourgeoise, contre le colonialisme et toute forme d'exploitation des peuples. Lui-même, qui affir-

mait sa solidarité avec les grands chefs du mouvement tiers mondiste comme Che Guevara, allait
jusqu'à se comparer à l'imam Hussein dont il
faisait une sorte de patron des révolutionnaires de
tous les temps.

Dans l'idée que son discours aurait peut-être la
vertu de détourner les jeunes du communisme et
de les ramener à l'islam, les autorités, et en
particulier la Savak, police politique de l'ancien
régime, laissèrent d'abord une certaine liberté
d'expression à Shariati. Mais en réalité il agissait
de l'intérieur, comme un cheval de Troie, et
instillait le virus révolutionnaire dans l'Islam. Le
gouvernement finit par s'en rendre compte et,
dans l'automne 1973, ferma le Hosseinié Ershad.
Shariati fut arrêté et resta dix-huit mois en prison.
En 1977, il put se rendre à Londres où il mourut
d'une crise cardiaque (ou assassiné par la Savak
comme on l'a prétendu).

Même s'il n'a pas vécu la révolution, Shariati
en a été l'un des principaux inspirateurs et sa
contribution pour la rendre effective égale sans
doute celle de Khomeini. Son influence sur toute
une classe d'intellectuels a été, et demeure,
énorme. A tous ceux qui se sentaient rebutés par
le monde moderne façonné par l'Occident coloni-
sateur et exploiteur, et que décevait la religion
ritualiste et formaliste qu'ils avaient sous les yeux,
il rendit une foi dans l'islam et dans sa capacité de
transformer la société pour la rendre plus juste.
D'ailleurs il ne se privait pas de critiquer vigou-
reusement l'islam officiel, le dénonçant comme
infidèle à celui du Prophète et des imams. Car
l'islam des premiers temps était pur, révolutionnaire, progressiste; c'est celui qu'il faut restaurer
en attendant la venue du *Mahdî* qui rétablira
partout la justice et la paix. Certes ce discours
était, à plusieurs égards, inacceptable pour les
oulémas traditionnels, mais il était animé par une

dynamique qui saisissait ses auditoires immé-
diats, et, les dépassant, prétendait montrer la voie
du salut à la nation iranienne, à la communauté
musulmane mondiale et à tous les peuples opprimés.

L'ayatollah Khomeini, en comparaison, représente une aile beaucoup plus conservatrice du
mouvement «islamiste» iranien. A la différence
de Shariati, il n'a jamais puisé son inspiration
dans les doctrines et idéologies politico-sociales
de l'Occident moderne, mais a voulu s'en tenir
strictement aux sources de la pensée musulmane
et chiite. La plus novatrice de ses idées est le rejet
du principe monarchique dont il contestait le
caractère traditionnel. Son action s'est déployée
avant tout sur le plan politique et à cet égard son
discours, tranchant et implacable, fut toujours
d'une redoutable efficacité.

Même si Shariati et Khomeini furent des alliés
objectifs dans la préparation de la révolution, un
conflit d'idées était inévitable entre eux. Il éclata
effectivement, mais après la mort du premier et la
prise du pouvoir par le second. Il n'est pas facile
de savoir exactement ce qui s'est alors passé dans
les cercles intérieurs de la République islamique,
mais, dans ce que certains définirent comme un
«virage à droite», des mesures furent prises pour
discréditer la pensée de Shariati et réduire sa
propagation. Pourtant il ne fut pas rejeté et renié
aussi catégoriquement qu'on l'a dit parfois. Une
grande artère du centre de Téhéran porte toujours
son nom et les services officiels d'information
n'ont pas cessé de diffuser ses écrits et en
particulier le texte de ses conférences, si efficaces
pour accréditer l'idée que l'islam serait une force
révolutionnaire. Et le nom de Shariati, connu et
respecté de nombreux intellectuels du monde
musulman, reste un emblème utile à la République islamique et à sa publicité.

La révolution iranienne, événement inouï, déconcertant et imprévu pour tant d'observateurs, porte assurément la marque typique de la mentalité chiite et du climat spirituel de l'Iran. Et pourtant elle a valeur d'exemple pour tous les pays musulmans en démontrant encore une fois qu'en terre d'Islam, la révolution ne saurait se faire, comme dans l'Occident sécularisé, au nom d'idéologies profanes, mais au nom de l'islam lui-même auquel les populations demeurent indéfectiblement attachées. Ceux qui ont préparé pareils bouleversements, et qui ont souvent agi de l'extérieur, l'avaient parfaitement compris et c'est pourquoi ils se sont attaqués à l'islam lui-même, à sa substance, en accréditant l'idée, contraire à son sens étymologique et à toute sa tradition, qu'il est d'essence révolutionnaire.

Pour conclure

L'Islam constitue l'une des plus importantes forces religieuses et politiques du monde actuel. Les aperçus qui précèdent en ont signalé quelques aspects sans doute significatifs, mais néanmoins insuffisants pour faire saisir l'ampleur planétaire du phénomène multiforme couramment désigné comme son « réveil ». Ainsi, faute d'espace, ont dû être laissées de côté, à part quelques rapides allusions, ses composantes extérieures aux pays arabes et à l'Iran, lesquelles en représentent pourtant les plus forts effectifs humains. Or la religion et sa pratique y manifestent aussi un très net regain de vigueur. On a même parlé de « montée de l'intégrisme » et de « poussées de fièvre islamiste » tant à propos de l'Afrique que de l'Asie continentale et de l'Insulinde.

Fait connu et confirmé par les missionnaires chrétiens eux-mêmes, l'Islam africain a repris son mouvement d'expansion vers le sud momentanément freiné par le pouvoir colonial européen. Il ne saurait être question à ce propos de minimiser la portée spécifiquement religieuse des conversions qui se poursuivent loin au-delà de l'Équateur, jusqu'au Zaïre et au Mozambique, et d'y voir, comme certains persistent à le faire, surtout une affaire d'opportunité éthico-sociale ou un effet de la «simplicité» des croyances musulmanes comparées à celles du christianisme. Les Africains ont sans doute un sens du divin et du sacré qui leur donne plus d'affinité avec le culte islamique qu'avec la mentalité sécularisée de la civilisation moderne. La sincérité et la qualité spirituelle de leur piété en font une force rayonnante qui ne cesse d'attirer des âmes en quête d'adoration. D'ailleurs il s'y remarque fréquemment des tendances mystiques que favorisent les confréries soufiques abondamment répandues au sud du Sahara.

Quant à l'agitation intégriste, elle s'y manifeste aussi à l'occasion. Le Sénégal en a fait quelques expériences et, en 1982, estimant avoir des preuves de l'action subversive d'agents khomeinistes, son gouvernement expulsait les diplomates iraniens en poste à Dakar. Cela n'a pourtant pas mis un terme aux campagnes, parfois virulentes, de certains groupes activistes qui réclament, malgré les protestations indignées de la minorité catholique, que l'État renonce à sa laïcité officielle pour se déclarer islamique.

De semblables tensions interconfessionnelles peuvent se produire dans d'autres régions, ainsi dans le nord du Nigeria où, en 1986 et 1987, des affrontements violents et sanglants ont opposé musulmans et chrétiens. Là également a été signalée la présence d'agents de Téhéran. Cependant de tels événements ne devraient pas faire perdre de vue que l'Islam africain est en général très tolérant et entretient le plus souvent des relations pacifiques avec les autres communautés. Et il est plus courant, à ce qu'il semble, que musulmans et chrétiens, au lieu de coups, échangent des vœux à l'occasion de leurs fêtes, Noël, Pâques, jour du Sacrifice ou fin du ramadan.

Plus souvent et plus gravement que l'Afrique, l'Inde est le théâtre d'affrontements meurtriers entre communautés religieuses. Toutefois la res-

ponsabilité ne doit pas en être attribuée aux seuls
musulmans, car ce qu'on appelle fondamentalisme, ou intégrisme, est, à un degré égal, aussi le
fait de certains groupes hindous et sikhs. D'ailleurs, dans cet immense pays où il a pénétré
depuis plus d'un millénaire, il serait absurde
d'imaginer que l'Islam vivrait toujours sur pied
de guerre face à un monde hostile à sa présence.
Une cohabitation, le plus souvent pacifique, s'est
établie entre musulmans minoritaires et majorité
rattachée à l'hindouisme. Et lorsqu'elle fait place
à la violence, c'est généralement pour des raisons
plus politiques ou sociales, comme la misère, la
surpopulation et la promiscuité, que vraiment
religieuses. Quoi qu'il en soit, même amputé par
la partition de 1947 de ce qui constitue le Pakistan
à l'ouest et le Bangladesh à l'est, l'Islam indien,
qui réunit près de cent millions d'âmes, a repris
confiance en lui-même et donne des signes abondants d'une forte vitalité.

Il paraît indispensable, pour terminer, de relever au moins en quelques mots que le monde
malais, qui ne compte pas moins de cent soixante
millions de musulmans, ne fait pas exception par
rapport au reste de l'*Umma*, la communauté
mondiale des croyants, et témoigne également de
l'actuel dynamisme de l'islam. Certes des observateurs ont noté que parfois, à Java ou dans
d'autres îles, la religion n'était pas toujours
pratiquée avec beaucoup de ferveur ni d'exacti-
tude, et que l'appartenance à l'islam pouvait
paraître surtout affaire de statistique. On aurait
tort, toutefois, de minimiser la force qu'il représente dans l'ensemble de l'archipel.

C'est l'islam qui avait été l'âme de la résistance
à la colonisation néerlandaise et, dans l'Atjeh, au
nord-ouest de Sumatra, la guérilla musulmane
s'était prolongée jusqu'au début de ce siècle. Plus
tard, à la suite de la dernière Guerre mondiale et

de l'occupation japonaise, il fut au premier rang
de la lutte pour l'indépendance de l'Indonésie et
contre le rétablissement de l'administration hol-
landaise. Mais il se trouva en concurrence avec le
nationalisme laïque de Sukarno, plus ou moins
soutenu par les communistes, qui réussit à prendre le dessus. Le projet d'État indonésien islamique fut mis en échec mais beaucoup de musulmans ne s'y résignèrent pas. Ils se constituèrent
en partis d'opposition, dont le « Dar ul-Islam »
qui, avec ses milices armées, occupa des terri-
toires relativement importants, notamment à
Sumatra, où il mit en place une « contre-
administration » islamique. La chute de Sukarno
et la prise de pouvoir par le général Suharto
(1965) conduisirent à un apaisement, mais les
mouvements musulmans n'ont pas renoncé à
réaliser leur idéal d'« État islamique » et, périodiquement, l'actualité signale des accès de « fièvre
intégriste » dans l'archipel indonésien.

Finalement, que l'on se tourne vers la Malaisie
voisine, qui n'est musulmane qu'à 52 %, ou vers
toute autre région du monde où réside une
communauté musulmane de quelque importance,
comme les Balkans dans notre continent, on fera
partout la même constatation : l'Islam, en cette fin
de siècle, opère un retour en force et réitère son
refus de se soumettre à une civilisation qui,
fondamentalement, est négation de ses propres
valeurs. Plutôt que de s'alarmer d'un tel phénomène, les Occidentaux feraient mieux sans doute
d'en discerner les raisons profondes et d'abord de
comprendre que, par sa dimension transcendante, ou verticale, et par sa référence à un au-
delà échappant aux vicissitudes du temps, l'islam
offre de meilleures raisons de vivre que le progrès
simplement matériel, quantitatif et horizontal qui
caractérise le monde sécularisé et agnostique
d'aujourd'hui.

Lexique

Ahl al-Kitâb, « Les gens du Livre », soit les peuples ayant reçu une Révélation divine sous forme de livre, tels les juifs et les chrétiens.

Al-âkhira, l'au-delà, la vie future par opposition à la vie d'ici-bas *(al-dunyâ)*.

Allâh, Dieu en arabe, à la fois dans son aspect de Sur-Être et d'Être.

Arkân, sing. *rukn*, désigne les « piliers » de la foi, soit l'attestation du monothéisme et de la mission du Prophète *(shahâda)*, la prière canonique *(çalât)*, le jeûne *(çawm)*, l'aumône légale *(zakât)* et le pèlerinage à La Mecque *(hajj)*.

Ayatollah, prononciation persane du terme arabe *âyatullâh* signifiant « signe de Dieu » et désignant chez les chiites le savant en matière religieuse apte à exercer l'*ijtihâd* ou effort d'interprétation de la loi islamique *(Sharî'a)*.

Bid'a, « innovation » concernant la religion ; toute innovation contraire à l'esprit de l'islam est condamnable.

Çalât, prière canonique qui s'accomplit cinq fois par jour.

Çawm, jeûne du mois sacré de ramadan, le 9e du calendrier lunaire, au cours duquel fut révélé le Coran. On ne doit ni boire, ni manger, ni fumer, ni avoir de rapports sexuels de l'aube jusqu'au coucher du soleil.

Chî'a, «parti» de Alî, 4e calife et 1er imam des chiites, ses adeptes, qui représentent actuellement près de 10 % de l'ensemble des musulmans.

Dajjâl, être maléfique et négateur de Dieu, correspondant à l'antéchrist, qui doit annoncer la fin des temps en faisant régner sur terre l'injustice et l'immoralité. Souvent identifié par certains musulmans avec le monde moderne et sa civilisation matérialiste.

Al-dunyâ, le monde d'ici-bas, considéré comme éphémère et vain à côté de l'au-delà (*al-âkhira*) immuable et seul réel.

Ejtehâd, prononciation persane du terme arabe *ijtihâd* ou «effort d'interprétation» de la Loi divine (*Sharî'a*) auquel se livre le *mojtahed* (*mujtahid*), c'est-à-dire un docteur de la loi. Ces termes sont principalement employés dans le monde chiite.

Enghelâb, de l'arabe *inqilâb*, renversement, retournement. A été employé pour désigner la révolution islamique en Iran. Dans le monde arabe, on parle de *thawra*.

Hadîth, paroles et enseignements du Prophète constituant la *Sunna* ou tradition islamique et servant de seconde source religieuse après le Coran.

Hajj, pèlerinage à La Mecque que le musulman doit accomplir au moins une fois dans sa vie s'il en a les moyens.

Içlâh, « réforme » de la religion alors que *tajdîd* en est le « renouvellement ».

Al-Ikhwân al-muslimûn, « Les Frères musulmans », association fondée en 1928 par Hassan al-Bannâ en Égypte.

Imâm, littéralement « celui qui se tient devant » pour diriger la prière collective. Qualifie parfois les plus hautes autorités religieuses chez les sunnites. Dans le chiisme, il désigne avant tout les descendants et successeurs légitimes du Prophète par son cousin et gendre Alî et sa fille Fâtima. Les imams sont les dépositaires de la science ésotérique transmise par le Prophète à Alî, et du sens spirituel de la révélation coranique dont ils sont les interprètes par excellence. Ils constituent donc un pont entre l'homme et Dieu. Au nombre de douze chez les duodécimains majoritaires et sept chez les ismaéliens ou septimains. Le douzième imam est en occultation (*ghayba*), c'est-à-dire qu'il s'est retiré du monde, invisible aux yeux de chair, il faut entrer en contact avec lui par la vision intérieure. Il joue un rôle capital dans la foi chiite car c'est lui qui doit revenir à la fin des temps restaurer la justice et la paix. La révolution islamique en Iran a bien entendu profité de cette attente messianique pour accréditer dans une certaine mesure que l'ayatollah Khomeini, sinon l'imam caché revenu, d'où son titre d'imam, est du moins sa préfiguration.

Islâm, « soumission » à Dieu, mais soumission volontaire et active, car tout est soumis à Dieu, qu'on en soit conscient ou non. De ce terme dérive le nom *muslim*, musulman, c'est-à-dire celui qui se soumet à Dieu.

Jihâd, « effort » effectué sur soi-même, contre ses ennemis intérieurs ou « grande guerre sainte » avec comme corollaire la guerre sainte contre les ennemis extérieurs ou petit *jihâd*.

Kufr, mécréance. Le *kâfir* est le mécréant.

Mahdî, le « bien guidé » ou le descendant du Prophète qui doit venir rétablir la paix et la justice sur terre à la fin des temps, lorsque le désordre et la corruption domineront et que l'islam sera exilé et représenté par une infime minorité d'hommes. Pour les chiites, il s'agit du douzième imam, soit l'imam caché. Certaines traditions l'assimilent au Christ.

Ouléma, pluriel de *'âlim* ou savant en matière religieuse. La science ou *'ilm* selon le point de vue traditionnel signifie la connaissance religieuse.

Salaf, « pieux anciens », modèles à suivre selon les réformistes Afghânî et Abduh, mais en adaptant l'islam aux temps modernes et en cherchant à le concilier avec la science occidentale. Ce courant de pensée a pris le nom de *salafiya*.

Shahâda, l'attestation de foi islamique : « Pas de divinité si ce n'est Dieu (Allâh) et Muhammad est son messager. » Fondement de la métaphysique en islam et du monothéisme parfait (*tawhîd*).

Sharî'a, littéralement la voie large, la route que constitue la Loi divine issue du Coran et de la Sunna ou tradition prophétique, par opposition à *tarîqa* ou voie étroite, chemin réservé à ceux qui ont la vocation de le suivre et les conduisant plus directement à Dieu. Ce sont là les deux aspects de la religion, l'ésotérisme, l'observance de la Loi sans approfondissement et l'ésotérisme, la dimension mystique, le rapprochement avec le Créateur.

Shirk, associationnisme : fait d'associer à Dieu quelqu'un ou quelque chose qui supprimerait alors son unicité et son absoluité. C'est le péché le plus grave en islam, puisqu'il altère le monothéisme.

Soufisme (taçawwuf), ésotérisme de l'islam ; son aspect spirituel et mystique permet à celui qui y aspire, le *faqîr* ou derviche, de parvenir à Dieu, Réalité ultime, en suivant le chemin initiatique (*tarîqa*) qui y mène sous la direction spirituelle d'un maître (*chaykh*), grâce surtout à l'invocation incessante du Nom de Dieu ou d'un de ses Noms (*dhikr*).

Sunna, tradition du Prophète contenue dans ses propos et son enseignement transmis par ses compagnons et conservés dans les ouvrages de *hadîth*. De là vient l'appellation de sunnite donnée à la majorité des musulmans, bien que les chiites observent eux aussi la Sunna, à laquelle ils ajoutent les dires des imams.

Ta'wîl, interprétation ésotérique du Coran ; science relevant d'une grâce divine (*baraka*), d'une inspiration céleste, car elle est supra-rationnelle, intuitive et relève donc de la connaissance mystique du soufisme. Dans le monde chiite, elle est l'apanage des imams, les maîtres de la gnose.

Umma, communauté musulmane fondée sur l'appartenance religieuse; elle est donc supra-nationale.

Zakât, aumône légale que chaque musulman doit verser s'il le peut. C'est l'un des cinq piliers (*arkân*) de la religion.

Repères chronologiques

571 :   Naissance de Muhammad à La Mecque.

612 :   Prédication du Prophète Muhammad.

622 :   Hégire (émigration) du Prophète de La Mecque à Médine. Point de départ de l'ère musulmane.

632 :   Mort de Muhammad.

632-634 :   Califat d'Abû Bakr

634-644 :   Califat de Omar.

638 :   Prise de Jérusalem par les musulmans.

644-656 :   Califat de Othmân.

656-661 :   Califat d'Alî. Le chiisme.

657 :   Bataille de Siffîn entre Alî et Mu'âwiya.

658 :   Arbitrage entre Alî et Mu'âwiya en faveur de celui-ci.

661 :   Assassinat d'Alî. Fondation du califat omeyyade (→ 750) par Mu'âwiya.

680 :   Massacre de Kerbela : passion de Hussein, petit-fils du Prophète et 3e imam.

711 :   Conquête de l'Espagne par Târiq.

750 :   Califat abbasside (→ 1258).

1099 :   Première croisade. Prise de Jérusalem par les chrétiens.

1187 :   Saladin reprend Jérusalem.

1258 :   Sac de Bagdâd par les Mongols. Le califat est transféré au Caire.

1453 :   Conquête de Constantinople par les Turcs ottomans.

1492 :   Prise de Grenade, dernier royaume musulman d'Espagne, par les « Rois catholiques ». Colomb en Amérique.

1501 :   Shâh Ismâ'îl fonde la dynastie safavide en Perse (→ 1736) et impose le chiisme duodécimain comme religion d'État.

1542 :   Empire des Grands Moghols en Inde (→ 1857).

1792 :   Mort de Muhammad ibn Abd al-Wahhâb.

1799 :   Bonaparte en Égypte.

1830 :   Prise d'Alger par les Français.

1881 :   Protectorat français en Tunisie.

1881 :   Mouvement mahdiste au Soudan égyptien.

1882 :   Les Anglais en Égypte.

1897 :   Mort de Djamal ed-Dîn Afghânî.

1905 :   Mort de Muhammad Abduh.

1911-1912 : Conquête de la Libye par l'Italie.

1912 :   Protectorat français au Maroc.

1917 :   Déclaration Balfour en faveur de l'installation d'un « foyer national juif » en Palestine.

1920 :   Traité de Sèvres. Campagne de désobéissance civile lancée par Gandhi en Inde.

1923 :   Proclamation de la République de Turquie. Mustafa Kemal élu président.

1924-1932 : Laïcisation et modernisation forcées de la Turquie : abolition du califat ; suppression de la législation islamique en faveur de codes européens (code civil suisse) ; abolition des écoles religieuses et des confréries ; obligation de porter le chapeau européen ; adoption de l'alphabet latin et interdiction d'utiliser les caractères arabes ; égalité des droits politiques pour la femme, etc.

1925 :   Reza khan, shah d'Iran sous le nom de Reza Pahlavi.

1926 :	Ibn Sa'ûd fonde le royaume wahhabite d'Arabie Saoudite.
1926-1940 :	Reza shah entreprend la sécularisation et la modernisation de l'Iran : interdiction du turban, suppression du voile (*tchâdor*).
1928 :	Hassan al-Bannâ crée l'Association des Frères musulmans.
1938 :	Mort de Muhammad Iqbâl.
1944 :	Fondation de la Ligue des États arabes.
1947 :	Indépendance de l'Inde. Création du Pakistan.
1948 :	Fondation de l'État d'Israël.
1949 :	Assassinat de Hassan al-Bannâ.
1952 :	Révolution des «Officiers libres» en Égypte. Fin de la monarchie.
1953 :	Proclamation de la république en Égypte.
1954 :	Nasser à la tête de l'Égypte.
1954-1957 :	Persécution des Frères musulmans égyptiens.
1954-1962 :	Guerre d'indépendance en Algérie.
1955-1956 :	Indépendance de la Tunisie et du Maroc.
1958-1961 :	République arabe unie : fusion de l'Égypte et de la Syrie.
1960-1962 :	Indépendance de plusieurs pays africains.
1962 :	Indépendance de l'Algérie.
1963 :	«Révolution blanche» de Mohammed Reza, shah d'Iran. Hostilité des religieux.
1963-1965 :	Répression des Frères musulmans en Syrie.
1965-1967 :	Persécution des Frères musulmans en Égypte. Exécution de Sayyid Qutb, idéologue de l'Association (1966).
1967 :	Guerre des Six Jours entre Israël et les pays arabes : occupation de Jérusalem Est, du Golan syrien, de la bande de Gaza, de la Cisjordanie et du Sinaï égyptien.
1969 :	Le colonel Qadhafi met fin à la monarchie en Libye. Instauration de la république.

1971 : Libération des Frères musulmans par le président Sadate.

1973 : Guerre d'octobre entre Israël, l'Égypte et la Syrie. Revanche arabe.

1976 : Guerre civile au Liban.

1977 : Sadate à Jérusalem.

1979 : Invasion de l'Afghanistan par l'URSS.

1979 : Révolution islamique en Iran. Chute de la monarchie et instauration de la république sous l'autorité de l'ayatollah Khomeini.
Occupation du sanctuaire de La Mecque par des insurgés dirigés par un soi-disant « Mahdî ».
Mort de Mawdûdî.

1981 : Assassinat de Sadate.

1982 : Insurrection de la ville de Hama (Syrie) menée par des islamistes. Répression impitoyable : dix mille morts.

1985 : Algérie : accrochage entre un groupe d'intégristes et les forces de police.

1987 : Tunisie : vague d'arrestations dans les milieux fondamentalistes.
Plus de huit cent cinquante islamistes arrêtés en Égypte à la suite d'un attentat contre le général Abou Bacha, ancien ministre de l'Intérieur (1982-1984).
Algérie : procès de deux cents intégristes accusés de complot contre l'État.

Lexique et chronologie établis par Abdelhamid Bouzouzou.

Quelques lectures
sur le même sujet

Le Coran, introduction, traduction et notes par D. Masson (NRF, Gallimard).

Marcel BOISARD, *L'humanisme de l'Islam* (Albin Michel).

Émile DERMENGHEM, *Mahomet et la tradition islamique* (Seuil).

Roger DU PASQUIER, *Découverte de l'Islam* (Seuil) et *L'Islam entre tradition et révolution* (Tougui).

Bruno ÉTIENNE, *L'islamisme radical* (Hachette).

Louis GARDET, *Les hommes de l'Islam* (Hachette).

Martin LINGS, *Le prophète Muhammad* (Seuil).

Seyyed Hossein NASR, *Islam, perspectives et réalités* (Buchet-Chastel).

Frithjof SCHUON, *Comprendre l'Islam* (Seuil).

Table des matières

Composé par Graphic-hainaut,
et tiré par Brodard et Taupin, La Flèche,
cette première édition de :

LE RÉVEIL DE L'ISLAM

a été relié par procédé Intégra
par Reliure Brun, Malesherbe
Dépôt légal : mars 1988 - N° Éd. : 8506
N° Imp. : 1577-5

Imprimé en France